守正创新 勇毅前行

中国出版集团 2017—2021 年
“香山论坛”演讲文集

中国出版集团直属机关党委 编

中華書局

图书在版编目(CIP)数据

守正创新　勇毅前行:中国出版集团2017—2021年“香山论坛”演讲文集/中国出版集团直属机关党委编. —北京:中华书局,2023.3
ISBN 978-7-101-15969-1

Ⅰ.守…　Ⅱ.中…　Ⅲ.出版工作-中国-2017~2021-文集
Ⅳ.G239.2-53

中国版本图书馆CIP数据核字(2022)第198492号

书　　名　守正创新　勇毅前行:中国出版集团2017—2021年“香山论坛”演讲文集
编　　者　中国出版集团直属机关党委
策划编辑　刘倩辰　段长青
责任编辑　赵妮娜　刘冬雪
装帧设计　毛　淳
责任印制　陈丽娜
出版发行　中华书局
(北京市丰台区太平桥西里38号　100073)
http://www.zhbc.com.cn
E-mail:zhbc@zhbc.com.cn
印　　刷　河北新华第一印刷有限责任公司
版　　次　2023年3月第1版
2023年3月第1次印刷
规　　格　开本/850×1168毫米　1/32
印张8⅞　插页2　字数154千字
印　　数　1-2000册
国际书号　ISBN 978-7-101-15969-1
定　　价　30.00元

前　言

习近平总书记指出，“青年强，则国家强。当代中国青年生逢其时，施展才干的舞台无比广阔，实现梦想的前景无比光明。广大青年要坚定不移听党话、跟党走，怀抱梦想又脚踏实地，敢想敢为又善作善成，立志做有理想、敢担当、能吃苦、肯奋斗的新时代好青年，让青春在全面建设社会主义现代化国家的火热实践中绽放绚丽之花”。

“香山论坛”系列活动是中国出版集团持续多年的一项青年品牌活动，以主题征文、调研演讲、大会交流等形式，鼓励集团青年积极建言献策，既充分激发青年的创新活力，又有效发挥对青年的“传帮带”作用，已成为集团青年开拓思维、创新创造的重要平台，为集团改革发展营造浓厚氛围、提供智力支持、凝聚精神动力。2017 年以来，集团“香山论坛”系列活动以习近平新时代中国特色社会主义思想为指引，紧紧围绕高质量发展、主流出版、融合发展、国际传播等主题，进行思想碰撞和实践探索，形成了一批兼具探索性和实操性的成果。特别是在

2021年，以“我为集团‘十四五’建言献策”为主题开展征文活动，将加强顶层设计和坚持问计于青年相统一，将总结梳理工作和深化改革创新相统一，为扎实做好集团“十四五”规划编制工作作出了应有的贡献。本书收录了2017年至2021年“香山论坛”大会上交流演讲的获奖文章，共计49篇。

“宝剑锋从磨砺出，梅花香自苦寒来。”希望集团广大青年继续积极参加“香山论坛”系列活动，立足岗位进行创新性思考、深入性研究，将个人“小”梦想融汇到企业发展“大”格局中，努力成长为政治强、业务精、勇于担当、能打胜仗的人才，进一步展示好中国出版青年的精神追求、人文情怀、创造能力，为集团“十四五”时期高质量发展、建设世界一流出版传媒企业作出贡献。

中国出版集团直属机关党委

2022年11月

目　录

2017年

2018年

2019年

2020年

2021年

2017年

传统媒体向新媒体的转型探索

生活·读书·新知三联书店　魏一平

我是来自《三联生活周刊》旗下新媒体品牌松果生活的魏一平。今天，很荣幸能有这个机会，与大家分享一下我和同事们尝试探索新媒体的过程，以及其中的一些感想。

今天会议的主题是“稳增长、调结构、促融合”，这是中国出版集团领导为集团推进“十三五”规划提出来的总体纲领，是整个集团在出版传媒转型大势之下做出的战略部署。落实到每个单位、每个项目上，也是指导我们一线工作的具体方针。所以，今天，我就围绕这个中心思想讲讲两年来我的一些工作心得和感触，抛砖引玉，希望大家多多批评指正。

一、稳增长，如何在转型中开创新增长点

2015 年是《三联生活周刊》创刊 20 周年的年份。20

年来，《三联生活周刊》成长为国内影响力最大的文化新闻刊物，其核心是拥有一支特别能战斗的记者队伍，一批充满理想主义的写作者，但其保障是节节攀升的市场收入。正是因为有收入和利润的持续增长，这本刊物才能保证在优质内容上的大力投入。好内容需要好的经济基础来做保障，这是共识。

但是，2015年，《三联生活周刊》所面临的广告与发行市场出现了转折。广告首次出现下滑，发行因为零售渠道萎缩，增速明显放缓。传统媒体从业者开始出现集体离职潮。《三联生活周刊》如何迎接这次大变革？

做单纯的阅读型新媒体产品，还是探索多元服务的新媒体产品？经过调研与讨论，我们选择了后者，这条看起来更艰难、更漫长的道路。探索在优质内容与品牌基础上整合资源，提供多元化的服务——比如线下活动、线上课程、优质商品。

在探索的过程中，我们紧紧围绕市场与用户需求这个核心目标，千方百计开创新的收入增长点。比如，针对高端用户的精神文化需求，我们于2017年尝试组建了艺术俱乐部，提供艺术史课程、展览导览、艺术品收藏咨询、艺术游学等全流程艺术服务，每位会员收取2.8万元的年费，俱乐部运行了半年，获得了会员的一致好评。再比如，针对消费升级品牌的市场推广需求，我们开始大力推进品牌定制类整合营销，包括视频拍摄、线下活动、线上互动、生活家微代言等全流程合作，刚刚签下的客户美克美家，启动了一项价值 200 万元的整合营销计划。

二、调结构与促融合，创新的路径选择与未来价值

调结构，调的是什么结构？是旧业务与新业务的结构。调结构是为了更进一步促进融合，促进新媒体与旧媒体的融合，促进内容生产与商业变现之间的融合。

从创立之初，松果生活就承载着《三联生活周刊》转型与创新的重任。在这个过程中，我们要去思考怎么处理好新产品与旧产品的关系，更好促进二者的融合发展。以松果生活一年半的发展路径来看，我们基本上经过了两个阶段：

第一个阶段是“分”——无论是最早的 APP 外包开发，还是刚上线之后的运营，松果跟三联的原有业务和队伍，都保持了一定的距离，完全新搭建团队。这样既能轻装上阵，按照互联网的规律去寻找合适的人，同时又不冲击原有业务，影响其正常运转。

第二个阶段是“合”——经过将近一年的运行，从 2017 年年初开始，我们有意识地整合资源，加强对《三联生活周刊》优势内容的深度挖掘，陆续开创了连线生活家、付费课堂等新系列。此外，松果在发挥三联内容优势的基础上，充分开拓与整合优质生活家资源，衍生出

几个比较重要的项目——比如基于短视频与活动相搭配的“未来生活家”系列，着眼于分享生活家故事与态度的“LIFE+ 演讲”项目，以及接下来会陆续开展的中国好物100 评选等活动。以小整合大、以新整合旧，进行全方位的融合发展，达到 1+1>2 的效果。

三、未来前景与展望

创新需要经过反反复复的摸索、复盘、总结与冒险，有的时候还会陷入停滞与彷徨。在集团领导的亲自关怀与指导之下，松果从一开始就确定了要做“中国新中产阶层的品质生活平台”这一愿景。我们所做的所有内容、活动等业务，都围绕着这一目标进行。

经过一年半的探索，松果已经成长为覆盖过百万中产人群的新媒体品牌，为《三联生活周刊》的品牌立体化发展贡献了自己的一份力量。到 2017 年 8 月底，松果生活科技有限公司注册完成，紧锣密鼓引进投资，预计第一笔投资 2000 万元年前到位。按照规划，再经过 3—4 年发展，松果将成长为一个覆盖中国 3000 万新中产阶层的品质生活入口，涵盖线上互联网产品与线下生活馆，年营收预计将超过 3 亿元，为三联乃至中国出版集团的创新提供有益借鉴。

四、几点感想

近两年的试验与探索，中间有经验也有教训，我总结以下几点感想。

（一）依托原有品牌的融合创新，在体制机制上的突破是基础，是保障

互联网产品的发展与传统媒体、出版等产品的发展，是两套游戏规则，两种完全不同的打法。举个例子，我们一般讲究稳中求进，开展新业务要符合一系列要求，财务考核也是着眼于短期效应；但互联网业务讲究的是小步试错，大步快跑，充分利用资本的力量，用时间换空间，用速度换规模，在没有足够大用户基础的时候不要急于商业变现。这些运营规则上的冲突，底层基础是体制和机制的突破。

（二）创新融合发展，既需要自下而上的探索，也需要自上而下的顶层设计

一个鼓励创新、勇于试错的环境，对于开展自下而上的创新探索至为关键。创业需要的就是冲破自己的舒适区，很多本来很优秀的人，小富即安，不敢承受创业所带来的风险。这个时候，就需要上级单位做好顶层设计，从战略规划方面给创业者一个更明确的信心。具体运营可以走一步看一步，不断调整，但战略方向切不可“先做了再说”，顶层设计越早越清晰，就越有利于后面少走弯路。

（三）互联网的两个秘密武器——人才与速度

如何吸引到优秀人才？如何快速反应？这两个要素相辅相成。打造一支有战斗力的队伍，就可以应对市场的瞬息万变。

从数字化营销看百年中华书局的品牌升级和行业转型

中华书局　刘　晗

近些年，随着电子阅读的普及，纸媒终结的论断不绝于耳，这样的危机感是每一位纸质出版工作者所能感受到的。与此相对的是，网络书店在扩张，其线下书店如雨后春笋般现身街头。纸质书及其销售载体并没有随电子阅读的兴起而低迷，反而呈现出“线上—线下”相呼应的态势。由此可见，纸质书担负着文化传承的使命，不仅不会消逝，反而由此衍生出多元化的阅读方式。作为出版社，无论是品牌升级还是行业转型，都要依靠数字化的营销手段来撬动，以此增强企业的核心竞争力。

一、O2O 时代，复合式书店的诞生

O2O 即是将线下商务契机与互联网结合，让互联网

成为线下交易的前台，线上支付购买，线下实体体验。在传统书店转型期，书店概念外延在扩张，内涵不断深化，书店的定位不再局限于购买图书的场所，而是集“产品—服务—营销”为一体的学院式沙龙。

所谓“散点—聚合营销”即是中国出版集团整合所属出版社优质资源，将最有价值的散点整合，形成自主品牌的实体店，无论对出版社还是集团形象展示和品牌树立都会产生积极影响。对于中华书局来说，在伯鸿书店中孕育伯鸿文化，以书为中心做更多文章，以图书销售为重心，展开书友会、讲座、签售以及咖啡茶座系列休闲活动，吸引更多的文人墨客进驻，打造学院派文化沙龙，都可以成为发展方向。

与书相关的衍生品也可视为营销契机。“故宫淘宝”从官方旗舰店成长为坐拥几十万粉丝的金牌卖家，靠的是文化创意。2017 年，中共中央办公厅、国务院办公厅印发的《关于实施中华优秀传统文化传承发展工程的意见》提出了创造性转化和创新性发展，使中华民族最基本的文化基因与当代文化相适应、与现代社会相协调。因此，打造具有中华书局风格的文创产品成为做书之外又一课题，也符合中华书局守正出新的宗旨。文创产品可以是与书相关的笔记本，也可以是个性化风格的纪念品，在市场上替代性低，才能脱颖而出，加以线上秒杀、预订，正所谓“物以稀为贵”。

二、以读者细分为切入点，实现个性化营销

随着“互联网 +”时代的到来，中华书局加入到了数字化营销转型的队伍中。入行四年，我见证了中华书局在营销上不断革新带来的盈利增长点，我所在团队负责营销中心网店部的业务，业绩逐年攀升。中华书局连续多年长居当当、京东社科页面榜首，专属页面的粉丝数量和关注度与日俱增。

通过数据分析，发掘古籍、大众图书在各个网站的销售表现差异，洞察读者偏好，以此调整营销策略，或者利用图书组套促进销售；其次，基于中华书局现有品牌辨识度和认可度，根据消费者购买习惯，通过营销页面信息和资源共享，实现产品线推广；第三，关注事件营销热点，如“诗词大会”同款图书、电视剧《人民的名义》中提到的《万历十五年》都随着媒体曝光而受到关注；第四，“中华养生经典”、“中华生活经典”书系亦可尝试与生活方式类 APP 合作，相关视频和文字也适用于书店宣传中使用。这些是从营销方式上来看。

内容上，出版社气质决定着它在市场上的风格和读者群走向，出版业的“痛点营销”即是读者在阅读过程中原本的期望没有得到满足而造成的心理落差或不满，负面情绪爆发让他们在阅读过程中感到困难重重。读者的痛点就是他们的需求，也是市场突破点所在。因此，中华书局在

国学的大众普及类读物上推出多种版本，以满足不同层次读者的需求，定制个性独特的阅读方案，治疗读者的阅读痛点。

三、搭建符合当代读者阅读习惯的 APP

作为出版人，除了本职发行，我还在业余时间体验书评人、译者、编辑等角色，在多种身份角色的切换中体会出版的每个环节，理解并融入出版行业。网上“死活读不下去排行榜”中《红楼梦》高居榜首。为何经典名著离当代人越来越远？为何这些经典名著让大多数人难以理解？在找到读者的痛点后，又如何化解读者的痛点？首先，构建用户的画像给予其大致定位。对于那些“想读而读不下去”的读者，他们大多热衷于电子产品，受过一定的教育，财力有余，迫切想提升自身文化修养。因此针对四大名著的零基础的导读版本是市场上需要的：在大多数版本的原文、注释、名家批注基础上，加之白话名家解读，以类似“画外音”模式对每一章回进行解读，还可对古代文化常识讲解分析。

如果说中华经典古籍库的用户群体倾向于学术，那么 APP（名暂定“书蠹诗魔”）的定位则是面向所有国学爱好者。这些超级链接的并入，意味着书可读厚，同时也可变薄。通过购买书，扫描内页二维码，以书推 APP，在不降低纸质书销量的同时，实现扩充读者多元化阅读方式的转型。读者以社交账号登录进入同款书客户端，与导读版本“纸上—线上”遥相呼应，线上囊括纸本内容，也设立阅读笔记、分享阅读、阅读打卡、阅读讨论、阅读动态分享、诗词猜谜积分、诗词擂主等活动，在页面设计、字体、皮肤上注重读者个性化和多元化选择。装帧采用便携版本，皮质封面，简约素雅，另附同款质感笔记本。这样四大名著版本，突破了中华书局平装 / 精装、繁体 / 简体、横排 / 竖排间版本变化的情况，突破单一纸质本阅读模式，符合当下人阅读习惯。在线上线下延伸阅读、全民阅读、探讨四大名著的活动中推进阅读，提升图书品牌和纸质书的销量。

“诗词大会”让诗词古风深入人心，没有人愿意被时代淘汰，跟上时代潮流是绝大多数消费者的共同心理。十九大报告中提出，文化自信是一个国家、一个民族发展中更基本、更深沉、更持久的力量。因此，搭建符合当代读者阅读习惯的 APP 即是将移动用户与读者的双重身份合一，推动中华优秀传统文化创造性转化和发展，以纸上带动线上，在保持传统出版模式的同时，探索符合当代读者阅读习惯的个性化平台，弘扬中华优秀传统文化的同时，文化自信得到彰显，国家文化软实力得到提升。

新时代下教育出版的重塑与使命

现代教育出版社　聂金星

出版社是“实现所有国家发展目标的驱动力”，这是联合国世界知识产权组织（WIPO）版权和创意部副总长赛尔维·福宾女士在日内瓦总部举办的教育出版论坛（EPF）上讲的一句话。它准确地描述了出版业在全球创意经济中的贡献与地位。世界知识产权组织最新产业研究的一项调研发现：创意产业的产值贡献占到全球 GDP 的 5.1%，就业贡献占到全球就业的 5.3%，而这其中出版业的增加产值占了 39%，占版权产业核心就业人数的 43%。这组数据真实地反映了出版业已是迄今为止创造价值和创造就业的最大创意行业。但是，作为出版从业者，我们清醒地认识到，出版业能够为全球创意经济创造贡献，并占据重要位置，势必有一关键条件，那就是，在数字化的新时代完成转型，重塑自身，牢牢把握了立业使命。

习近平总书记告诉我们，“时代是思想之母”。这个新时代带领中国日益走近世界舞台中央，也推动中国出版加速走近国际出版前沿。中国出版与世界的深度对话日渐密集，对话重心已然改变，更加聚焦中国。那么，我们中国出版人是否从思想上真正找准新的定位和新的方向了呢？

将这一问题放于我们自身来思考，正如陈琦社长谈及现代教育出版社的发展定位时所讲：“做开、做大、做强是现代教育社的基本定位。我们是一个没有厚实家底的出版社，要发展所要依赖的就是争取话语权——在教育出版领域发出自己的声音。唯有借助新时代教育出版的变革时机，坚持不懈地去打造‘（中版）现代教育’这一品牌，才有可能实现做开、做大、做强。”现代教育出版社在基本定位上实现突破，首先就是明晰自身处在三个层次的调整转变之中。这三个层次是：

第一层次：面向国际著名出版集团的教育出版。

第二层次：面向中国教育 2030 战略规划的教育出版。

第三层次：面向数字第一的教育出版。

为此，现代教育社自 2016 年起逐步立定了“一条主线、四大板块”的基本发展布局。我们要在这个基本布局下兢兢业业地塑造自身，始终不脱离“儿童 + 教育”这一核心主线，靠原创、靠产品、靠营销、靠管理去不断地积累。以儿童教育板块为例，我们在原来以国际版权引进、低幼绘本精品为主的产品结构的基础上，逐步向以原创为主的多层次的儿童教育内容产品结构转变。通过与北京师范大学、中国科学院等机构合作，推出“N 岁孩子 N 岁父母”“科学早知道”“情商早培养”等成系列、可持续延伸的产品线。这既拓展了现代教育的主力产品线，又让现代教育真正在国内教育前沿领域发出有力声音。再如，我们做“国学教育”，不是“复刻”传统文化，而是以现代思维做中华传统文化的普及性教育出版，面向校园、家庭、社会，做融入式的国学出版，融入创造，融入体悟，融入情感，融入审美，融入个性。在“三个面向”之下，我们又以青少年为中心目标群体市场，辅以相关延伸的次级目标群体市场，构建现代国学出版板块。我们要为当代读者讲鲜活的中华文化，既要向上跟进国家宏观文化政策战略和文化战略，也要向下倾听民声，做有读者的国学。当今是数字时代，持续跟踪“知乎”“豆瓣”“微博”等网络文化社区有关国学的话题关注度，让我们“接地气”，了解中华文化和国学在今日中国人生活中的所需所求。话题就是阅读取向，就是潜在需求，也是出版选题方向。做世界渴望了解的、听得懂的中华文化，也是我们的方向之一。我们利用已有资源，找准选题，在集团国际部的支持下出版了《中华文化启蒙读本》（泰中双语版），它入列“一带一路”主题重点图书项目，申报“丝路书香”工程翻译资助项目，并列为国新办政府采购图书。这是现代教育在中华文化创新出版与出版“走出去”方面所作的小小努力。

我们也深知，“调结构”不只限于出版方向和产品线结构的调整，还应在更深层上进行调整，主动适应数字化转型，适应中国教育和教育出版市场的变动需求，适应中国出版集团战略成长的需求。比如，我们新开发的科普绘本系列《我的动物园》，这是基于 AR 增强现实技术为 3—10 岁孩子打造的一款早期教育类产品。孩子阅读纸质图书的同时，可以借助 AR 技术在数字载体上看到活灵活现的动物，了解、熟悉相关科普知识。它体现了数字技术 + 纸质图书的新出版模式。我们还与俄罗斯专门从事增强现实技术（AR）的硬件及软件产品研发的“24 实验室”保持交流，探求 AR 技术和 3D 视觉技术与教育出版产品的结合应用。

中国出版集团正越来越接近“国际著名出版集团”的战略定位，而在这一过程中，势必全力补缺教育出版的短板。现代教育社为此要怎么做呢？我们想谈谈几点所思所想。

第一个问题：现代教育社的调整发展不应是“孤鸟短飞”，而应是“雁阵长行”。

我们不会只满足于补缺某一类图书出版短板，而会站在更高的发展格局上，把一个教育出版社的终极发展目标与中国出版集团在教育出版领域内的战略定位紧密联系起来。现阶段，我们经过近一年时间的调整，出版方向和编辑出版架构上，设立“儿童教育”“基础教育”“国学教育”“综合教育”四个中心。这种结构调整既是出于现实生存的考虑，也是着眼于长远目标。

第二个问题：现代教育社的调整发展不应是“夹缝求生”，而应是“开疆拓土”。

“现代教育”这一概念与“中国教育的现代化”有着天然的契合。我们与北京师范大学、中科院等多方机构合作，就是为了找准教育出版的价值和效益，认识到教育的转向和教育手段的多样化。我们正在拓展一系列创造性的新手段、新内容，包括纸质、数字化和混合型，服务于教育，满足于包括中小学生在内的学习者和从教者。自然，这也有赖于集团从战略高位出发，去整合资源，吸引和集聚人才，搭建高端的教育出版平台，形成中版在教育出版领域的“话语权”，辅助现代教育社形成核心竞争力。

第三个问题：现代教育社的发展调整既要遵循教育和出版的一般规律，也要把握新时代建设教育强国和教育现代化的目标要求，特别是把握中国乃至全球教育未来发展目标的“关键词”。

我们从联合国全球教育及中国教育 2030 可持续发展目标中，梳理出未来教育的“关键词”（如青少年教育、优质的儿童早期发展、优质的职业技术教育和高等教育、职业培训与学习的衔接、社会特殊群体教育学习、教育和社会的可持续的生活方式、文化多样性及可持续发展等等），而这些关键词与党的十九大报告强调的“素质教育”“教育公平”“学前教育”“特殊教育”等教育重心是紧紧呼应的，也都关乎每个普通民众对教育的需求。因而，现代教育社进一步调整完善出版方向和结构，定将重点关注这些方面。

新时代下教育出版的前景是开放的、革新的，其使命也是艰巨的。国际出版商协会秘书长何塞·波基诺强调："没有专业的教育出版社，到 2030 年，（联合国）可持续发展目标四几乎是不可能实现的。如果发展中国家认真对待教育基础设施，教育出版界的能力建设必须是一级优先。”党的十九大报告更是指出，“建设教育强国是中华民族伟大复兴的基础工程，必须把教育事业放在优先位置，加快教育现代化，办好人民满意的教育”。建设教育强国的目标脱离不开教育出版的支撑。因此，作为中国出版集团的专业教育出版社，现代教育出版社做开、做大、做强教育出版，绝不是一个愿景，而是一个实实在在的现实使命。

另辟蹊径 多元传播
中国文学“走出去”的困境与机遇

人民文学出版社 曾少美

很多人会问，我们的文学在世界其他国家的知名度到底如何？客观地说，虽然近年来中国作家如莫言、刘慈欣、曹文轩、郝景芳等陆续斩获国际文学大奖，出版集团公司也开始了全球布局，投资、收购、成立海外出版公司，但从整个国际文学版权贸易市场来看，如今能够得到全世界普遍认可的中国作家仍然不多，中国文学的国际版权交易也仍然不够成熟。文化输出并非易事，仍有漫长的道路要走。

尽管如此，这几年我们还是可以观察到，除了传统出版社仍在做中国图书版权输出之外，越来越多的出版公司、版权代理公司也开始重视起这块业务，为中国作家经营起他们的海外版权。这有三方面原因：一是越来越多的中国作家开始重视作品在海外的翻译、出版，重视作品的海外影响力和作家个人的国际声誉。中国当代文学的经典化，已经无可避免地进入了国际化语境。认真经营海外版权，已成为维护作家资源的手段之一；二是国家对文化“软实力”日益重视，对“走出去”的资助力度在逐年加大。种种资助项目，为文学“走出去”提供了经济支持，开启了中国文学通向海外的多道大门；三是随着中国经济实力的增强，在全球文化多元化日益兴盛的背景下，人们都愿意相信，中国文学在国际出版市场上是颇有潜力的，中国在世界文学与文化的交流中也大有可为。

党的十九大报告指出，文化是一个国家、一个民族的灵魂。文化兴国运兴，文化强民族强。回顾既有的经验和教训，思考遇到的困境和机遇，我希望从一个版权经理人的角度，坚持“高度的文化自信”，从如下方面探索文化“走出去”的新模式和新思维。

一、内容：多元化包装，双向带动

做版权工作这几年，我能深刻感觉到中国作家在国际出版市场上仍整体处于弱势地位，中国图书在海外仅有屈指可数的一些作品销量可观，大部分压根没有真正进入市场流通。“走出去”不易，“走进去”更不易。

其实，中国不乏好作品，也不乏会让海外读者眼前一亮的作品，我们真正缺乏的是一套完整的、国际化、专业的包装。在找准作品之后，我们可借助国家翻译资助的力量来全方位打造一部可进入海外读者视野的作品:(一)版权推广阶段，邀请英语为母语的专业人士准备资料包(包括作家作品简介、翻译样章等)，打破语言文化壁垒，寻找最易被海外接受的亮点;(二)借助其他艺术形式如电影的传播力量。2014年娄烨导演的《推拿》在海外展映之后，引起了海外出版商的兴趣，当年就输出了多语种版权;(三)图书出版后，邀请海外媒体、海外专业书评人参与图书宣发活动，争取更广泛的媒体曝光率;(四)可积极联系、冲击各类国际奖项。众所周知，一个成功往往能带来另一个成功。刘慈欣的《三体》第一部获得雨果奖，便引起了更多的关注。一部现象级的作品能产生很高的经济效益和社会效益，提高版税收入，擦亮我们的品牌。

所谓“双向带动”，则是我们正在尝试、不断完善的另一个“走出去”的模式。我们以意大利为起点，在中意两国以相同的主题各寻找8位青年作家的短篇小说，在两国同时翻译出版，实现相互推介、相互带动的效果。这样一本小说集的文化传播意义远大于小说集内容本身，它更是中国青年作家迈出国门的一块敲门砖、一封介绍信。

二、渠道：借力打力，建立完整的版权代理人和译者团队

我曾听一个芬兰出版人的讲座，他的一句话让我印象

深刻："人与人的联系在出版业中常常起到非常关键的作用。你必须先让人相信你，然后才能买书或卖书。不管怎样，几乎没有人有时间去看或者去回复太多来自不认识的人的邮件。"

中国文学在传播过程中，还存在很多阻碍和空白点。这主要是因为海外渠道仍不够通畅：一方面，许多海外机构和汉学家困于信息的有限，不得不大海捞针式地去寻找中国优秀作家的信息。而我们这边，也常常会因为缺乏与海外出版商直接而紧密的联系，导致无法为好的作品找到最合适的海外出版社。

在英美和很多其他国家，作家九成以上都有自己的代理人，把版权谈判、宣传推广这些商业事宜交给代理人，作家也得以更加心无旁骛地投入创作。我们在与海外出版社打交道的过程中也发现，与专业的国际化版权经纪人合作，能更加顺利地进入海外主流市场。而译者的作用更加不言而喻。刘慈欣《三体》的成功离不开译者刘宇昆的翻译和推介，麦家《解密》的成功离不开译者米欧敏的助推。因而，我们应着力建立一个较为稳定的海外代理人和译者网络，与他们建立互惠互利的合作关系。

三、布局：曲线救国，重视大语种市场

尽管我们和作家都希望作品与世界更多国家的读者见面，但不可否认的是，大语种市场（如英语市场、西班牙

语市场）对一本作品的海外传播有着重大的现实意义。尤其是英语市场，一个英译本的重大意义在于，它给国外其他语言市场的出版人提供了一个更大的窗口，让他们能够从英译本中发现这部作品的价值，也能从英语市场的受欢迎程度来建立对这本书的信心。

但英语出版市场实际上高度饱和，每年英美图书市场只有不到 3% 的新书是翻译作品。我们如果一味盯着英美出版社，不见得是明智之举。其实，我们可以另辟蹊径，在其他英语国家，比如澳大利亚，先打响知名度，再进入其他市场。实际上，在英语出版界，澳大利亚所占的地位是非常重要的，很多畅销作品都是澳方重磅打造的杰作。

一个国家文学的整体实力，实际上是通过它在国际上被接受的程度来衡量的，与政治、经济、语言发展历史等因素密切相关。我们有理由相信，随着我国整体实力的提升，中国当代文学将越来越成为一股不可忽视的、改变世界文学版图的力量。我们现在不能贪大求全，不能急于“分一杯羹”，而要如十九大报告指出的，坚持“创造性转化、创新性发展”，不断铸就中华文化的新辉煌。

关于调结构、促融合的一点认识

人民音乐出版社　胡　健

近两年来，人民音乐出版社围绕集团“稳增长、调结构、促融合”的战略方针，坚持严格的出版纪律与导向管理，做了大量的筹划与落实工作。

我们以结构优化谋增长。在音乐图书的理论、作品、钢琴、民乐、声乐等10大板块的基础上，进一步细分了每个板块对应的重大、重点、少儿、院校、市场等9大出版方向，不断致力于新书与再版书、学术性选题与大众化选题、原创性选题与集成化选题之间的合理布局，致力于解决生产与需求的错配，进一步打造特色鲜明、定位精准的产品体系。

我们以出版服务谋增长。通过“钢琴之旅”等培训服务，推进音乐图书向音乐课程的转化，着力打造从国内到国际、从幼儿启蒙到专业进阶的音乐学习课程体系。通过

“人音期刊”的赛事服务，推进专业期刊的学术建设和资源整合，着力打造涵括研究、教育、创作、器乐、声乐的学科建设与交流的高端平台。我们还坚持“内容为本、产品为体、服务为王”的理念，努力将“音乐数字出版与发行平台”建好、用好，满足读者更加多样化和个性化的需求趋势。

我们以提质增效谋增长。我们积极面对音乐教材全面循环使用的政策压力，通过不断开拓新的合作模式、新的配套产品，努力实现教材市场份额和品种规模的双增长。我们认真研究音像出版举步维艰、唱片市场普遍下滑的趋势，抓好重大题材、重要作者、重大影响三个要素，陆续策划了一批叫好又叫座的项目，充分发挥了重点项目的引领作用。我们努力突破专业渠道比较单一、营销体系不够系统的瓶颈，调整重组了营销业务，推进全社销售渠道、客户资源、展会营销、媒体营销的统筹共享，营销效率大大提升。

党的十九大报告中，对新时代中国特色社会主义文化建设提出了新的更高的要求，吹响了坚定文化自信、推动社会主义文化繁荣昌盛的冲锋号。接下来，我想结合工作重点与难点谈谈自己的感受与认识：

一是关于版权经营工作。

版权资产是国有文化企业的核心资源，版权经营是国有文化资产管理的核心内容，也是我们做好出版主业、促进融合发展的重要的基础性工作。

（一）大力加强衍生版权资源建设。我们这些传统出版企业出了那么多的图书，但其版权拥有期短则3—5年，长则8—10年，不像期刊那样可以长期拥有版权；其中一个普遍的问题就是，真正具有全媒体传播权、拥有完全自主知识产权的图书占比较小。这对版权资产产业链的长远规划，对我们调结构、转方式，已经或将要带来不小的障碍。一些欧美国家对专有出版权的界定相对系统和全面，涵盖了图书产品、数字化产品、音像产品、改编产品等衍生权利，而我们目前尚需分别签署不同形态的著作权利，这种风险是需要我们积极应对和推动改善的。

（二）大力加强版权资产的开发运营。传统出版企业的版权产业链一般还局限在编、印、发环节。是否需要进一步摸清自己的存量版权资产，掌握增量版权资产，更好地推动版权资产的及时入库、动态管理和科学评价？是否需要推进长期闲置或处于未开发状态的版权资产的激活与复苏，通过文字、图片、乐谱、音视频等各类资源的充分整合，为新选题策划提供更多保障，为外向型选题策划提供更多便利？是否需要在传统出版范畴之外，推进版权的深度开发与综合运营，通过对作品租赁、音乐展演、教育培训、代理权销售等多元模式探索，在版权产品的多环节、多层次商业开发方面挖掘潜力？

二是关于出版流程再造。

我个人感性地认识，在出版融合的过程中，新媒体新技术的浪潮一直裹挟着出版业。少数同行在融合发展方面走在了前列，而绝大多数出版社的主体收入还来自传统图书。需要重视的是，图书利润在实体书店和新媒体渠道的双重压力之下，客观上有进一步压缩的趋势，甚至有被取而代之的危险。这表明，正是由于出版社的商业环境、生存环境发生了改变，才一步步地倒逼着我们不得不进行互联网思维下的再造和重塑。

互联网思维应是对出版的市场与用户、销售与生产、产品与企业进行重新审视和定义的全新思维。传统出版的基本流程是编、印、发，数字时代的出版模式应最终转型到“采—集—编—传”。采，是多维度地对阅读需求、用户行为进行采集；集，是通过对资源的碎片化、结构化处理，形成资源的规模化集成；编，是通过开放存取的协同编辑系统，完成资源的按需萃取和立体编辑；传，是在互联网、移动互联网和物联网支撑下，基于全媒体、全介质、全通道、全设备的内容传播。与此同时，传统出版流程再造的过程，其实也是探索形成新的赢利模式的过程。

要强化互联网思维，势必要打破思维定势，打破行为惯性，打破路径依赖，按照全新的理念来谋划出版的生产经营服务。有破才有立，有投入才有产出，有牺牲才有胜利，但是又要避免无谓的牺牲。正如集团领导曾提到的，要处理好“稳”与“调”的关系，既防止用力过猛，又避免不痛不痒。旧的模式不是长久之计，新的模式不是唾手可得，难点在于出版社是否真正拥有足够的有价值的资源，是否有足够的品牌影响力和过人的营销能力，是否为新旧模式的衔接做好了应有的心理准备、人才储备和经济储备。我认为，相对于出版融合，目前融合出版更适合传统品牌出版企业的现状：前者相对被动，由外而内地倒逼变革，使得出版企业可能因此长期受到裹挟；后者相对主动，由内而外地主动重塑，有利于出版企业真正推进供给侧改革，真正面向市场树立以编辑和营销为中心的治企理念。

综上所述，我们还需要不断以优秀作者、优质作品为中心，进一步加大版权资源开发力度，建设多形态的版权“蓄水池”，为融合发展打好坚实的产品基础；还需要不断推动内容与新技术、新手段、新平台的嫁接、融合、转化，进一步推进内容的多媒体、多形态、多维度表达，为构建新的商业模式和盈利模式努力探索。积小成大、积少成多，从而建设和健全具有中版特色、中版品质的现代文化产业体系和市场体系模式，为激发文化创新创造活力、建设社会主义文化强国作出我们应有的、更大的贡献。

坚定文化自信
推进主题出版　强化多元传播力

商务印书馆　刘婷婷

党的十八大以来，中国出版业牢牢把握正确的出版导向，唱响主旋律，传播正能量，呈现出健康向上、繁荣发展的良好局面。党的十九大报告中进一步强调，要“坚持正确舆论导向，高度重视传播手段建设和创新，提高新闻舆论传播力、引导力、影响力、公信力”，同时要“推动文化事业和文化产业发展，推进国际传播能力建设，讲好中国故事，展现真实、立体、全面的中国，提高国家文化软实力”。

在国家经济发展新常态的形势下，于殿利同志在中国出版集团“稳增长、调结构、促融合——回顾十八大以来成就、迎接党的十九大座谈会”上，代表全馆表示，商务印书馆将结合目前发展实际，积极研究和落实“调结构、促融合”的措施和手段，最终实现“稳增长”目标。

为了实现我们商务印书馆的奋斗目标，我将与全馆同仁通力合作，为讲好中国故事、提高出版业传播力贡献力量。这里我想从以下两个方面谈一些想法：

第一，继续强化“一带一路”主题出版。最近几年，商务印书馆以内容结构调整为核心，在维护好传统重点辞书品牌的同时，稳步有序拓展产品线，打造新的文化精品，讲述真实、立体、全面的中国故事。2015年以来，商务印书馆陆续打造“‘一带一路’专题研究系列”产品集群。作为商务印书馆的一员，我责编的“一带一路”相关图书有《“一带一路”大数据报告（2016）》《一带一路》《共同的声音》《读懂“一带一路”蓝图》等。这些都是“‘一带一路’专题研究系列”产品集群的组成部分。

今后我们在开发“一带一路”选题时，将继续坚持注重权威性、代表性、学术性、文化性，打磨内容时继续坚持三个关键点——导向明确、传播正能量，凸显特色、深入挖掘，以学术性为支撑、开发文化研究成果。具体地说：

一是继续加强与中央部委的合作，推出官方研究成果和报告。2017年我们继续与国家信息中心合作，推出《“一带一路”大数据报告（2017）》，利用大数据技术全面评估“一带一路”的建设进展与成效，发布“一带一路”国别合作度指数、省市参与度指数等。二是继续加强与中央电视台合作，将央视电视片改编为图书，以通俗易懂的内容，推广普及“一带一路”。目前已经推出的央视纪录片纸质版《一带一路》对“一带一路”进行了全方位、立体化的解读，跨越亚、非、欧、美四大洲，涉及沿线30多个国家、国内20多个省区市，一经推出，取得了良好的社会效益、经济效益，进入了2017年5月“一带一路”国际合作高峰论坛展示。未来我们将继续与中央电视台保持合作，推出更多、更好的电视片纸质书产品。三是继续加强与民间专家学者、智库合作，推出“一带一路”相关高水平学术著作。目前推出的《第一财经日报》王琳的《共同的声音》，是国内首部“一带一路”访谈录；中国人民大学重阳金融研究院的《读懂“一带一路”蓝图》，是《共建“一带一路”：理念、实践与中国的贡献》白皮书作者对白皮书的全面解读。重阳金融研究院作为国内最早投入“一带一路”研究的智库之一，撰写各类研究报告、内参上百份，早在“一带一路”国际合作高峰论坛筹备阶段，就受国家有关部门委托，参与到了《共建“一带一路”：理念、实践与中国的贡献》的相关研究与起草过程当中，这样的作者团队能够保证我们“一带一路”产品的权威性、学术性。

在保证权威性、代表性、学术性的同时，我们将继续加强“一带一路”系列图书的文化性，讲好中国故事，提升国家文化软实力。例如《“一带一路”大数据报告

(2017)》就在2016年的基础上，强化了对人才建设进展、语言能力建设等情况的关注;《一带一路》在考察社会经济内容的同时，关注历史人文内容，讲述国内外60多位普通人物与“一带一路”的故事，如西班牙手工造纸技艺的最后一位传人桑托斯，中国援助几内亚医疗队队员、北京友谊医院副主任医师陈旭，等等。我们坚持以学术性为支撑，深度开发优秀的文化研究成果。

第二，加强编辑的图书多元传播营销能力，提高出版业传播力、引导力、影响力、公信力。例如责编深度参与微信公众号运营。商务印书馆国际汉语编辑室已经开始运营自己的公众号，我们利用业余时间编辑图文信息，推介编辑室新书，发布相关活动信息。要运营好微信公众号，首先需要保证推文数量，目前我们基本保持每天一次的推送频率。未来在保证数量的同时，我们也将着重在推文内容方面下功夫：

首先，注重书稿特点与自媒体特点的融合。目前已有一个较为成功的案例：我们在公众号上推介《一带一路》，该书作为央视纪录片的纸质书版，随书附送完整纪录片光盘，我们将这一特点与公众号插入多媒体文件的功能相结合，在推文中插入纪录片的宣传视频，吸引读者关注，取得良好效果。其次，开发选题、做书时同步思考后期自媒体推广方式，做书过程中即在书中添加合适元素，例如二维码链接、相关视频资料等，在提升书稿质量的同时，为后期营销推广打下基础。最后，实现推文类型的多元化，使读者保持新鲜感和关注度。目前我们推文的类型主要以单本图书推荐为主，未来将努力扩展至书单、书评以及其他受读者欢迎的推文类型。

商务印书馆领导及全体同仁，将顺应国家“一带一路”倡议规划，强化主题出版，继续充实“‘一带一路’专题研究系列”产品集群，形成立体、多样的“一带一路”出版产品布局，推出更多兼具权威性、代表性、学术性、文化性的“一带一路”主题图书，促进中国文化“走出去”。立足图书出版为祖国建设添砖加瓦，为祖国发展贡献力量。同时，我们将尽全力完成各项领导交办的任务，结合新媒体特点，拓宽图书推广渠道，加大图书推广力度，提高出版业传播力、引导力、影响力、公信力。

党的十九大报告指出，“文化是一个国家、一个民族的灵魂。文化兴国运兴，文化强民族强”。作为出版人，我们要坚定文化自信，推动社会主义文化繁荣兴盛。在未来的工作中，我将尽全力做好本职工作，与全编辑室的老师们同心同德，努力奋斗，为编辑室“稳增长、调结构、促融合”工作添砖加瓦；我将与全馆同仁通力合作，做好各项衔接工作，为我们商务印书馆“稳增长、调结构、促融合”增添光彩；我将与出版业其他同行一起，为中国出版“稳增长、调结构、促融合”撸起袖子加油干！

对《中国大百科全书》第三版（网络版）内容建设与传播的一点思考

中国大百科全书出版社　刘　杨

党的十九大报告提出要“加强互联网内容建设”。作为国家大型公共知识服务平台，提供导向正确、知识权威的内容是《中国大百科全书》三版项目的责任与义务。同时，如何将知识有效传播，使其最大程度发挥影响力，服务于人民美好精神生活的建设，也是值得思考的问题。本文按照党的十九大报告关于“高度重视传播手段建设和创新”的要求，从内容编辑的角度，浅谈对三版网络传播的一些思考，并希望借助这些思考，反馈于内容建设，做出优质的、有利于传播的互联网百科，为集团发展助力。

一、回溯产品开发：做什么？面向谁？

内容建设和传播，是披上了互联网外衣的“编印发”。在传统出版产品中，谈到发行问题，首先要明确核心内容和读者对象。

三版网络版是“基于数字化内容网络传播的大型综合性百科全书”。其中数字化是载体，互联网是传播形式，其核心内容与传统百科全书无异，仍是权威性、系统性的知识（在三版网络版中，这些知识分为专业、大众、专题三个板块）。

读者对象则十分广泛——以专业板块“大学文化程度”的读者定位为例，根据2011年第六次全国人口普查数据，这个群体约1.2亿人（119,636,790人），且不计港澳台和海外读者（暂不讨论“走出去”的问题）。

我们发现回答核心内容和读者对象很容易，但根据答案直接得出传播的思路很有难度。因为与传统工具书相比，三版网络版的知识容量巨大。以三版专业版30万条的设计为例，每个条目平均1000字，粗算下来是3亿字，折算成版面字数会更多。因此，同为工具书，我们无法效仿《新华字典》和《现代汉语词典》，将所有30万条内容直接推送给所有1.2亿大学文化读者（纸版如何发行暂不讨论）。另一方面，为了保障百科全书知识的系统性，我们也不可能将30万个条目一条条拆解传播。因此，为了达到社会效益和经济效益的统一，需要考虑将产品科学分解，将用户合理分层，探讨多种传播方式。

二、细分传播渠道：打包、定制和零售

一个不成熟的思路是3种传播模式：打包（传统模式）、B2B定制和零售（B2C）。3种传播渠道对应着不同的内容建设要求和盈利模式。

打包——将整个三版产品统一出售。这个层面的受众以图书馆、高校、研究机构等为主。这一渠道和传统大部头百科全书的主营渠道类似，因此不需展开论述。对内容建设的需求也是最基本的：系统、权威、准确。其盈利模式以知识付费为主（适合专业板块）。

定制——上级主管部门对三版网络版提出了"内容资源分类整合"、传播"个性化、定制化"的期望。

定制业务的目标用户可以是以内容生产为核心业务的公司。按照用户需求，我们从数据库中抽取一部分，形成新的子数据库（以"视觉中国"的图片库为例）。可以有3种合作模式：①我们的产品作为对方产品的原料和数据支撑。对方通过知识再加工盈利（专业版、专题版）；②子数据库供用户查检专业知识（市场强调"跨界"，专业版让外行看懂内行知识）；③在其产品中提供付费知识链接（例如通过与大流量公众号的合作）。

B2B定制的盈利模式可以是数据库规模的知识付费；也可以从中寻求服务付费的可能。此外，通过B2B业务，还可以更深入了解互联网内容生产，进一步开发衍生产品

或新产品。这是后话。

这一模式对内容建设提出的新要求主要针对数据库的逻辑建设。如何从不同维度抓取子数据库知识？在网络编纂平台上，内容编辑可以做哪些工作来帮助数据整合？这些都是值得思考的问题。

零售——“传播力决定影响力”，上级主管部门强调三版网络版要成为“获取新知识的网络主渠道”。因此，尽管产品定位不同，三版产品不可避免要被拿来与商业性百科作比较。

三版产品“高端、权威”，品质碾压商业性百科，但商业性百科已在我们的目标读者群中产生较深的影响。对读者而言，“免费、方便地获得或许不那么准确的信息”是经济成本和时间成本的综合考量，也符合经济学的费用—效益决策规律。因此，B2C 模式应跳出“知识付费”的固有思维，用免费而准确的知识内容吸引读者，再从中挖掘“服务付费”的潜质。对内容建设的要求也相应提高：知识的系统性和准确性只是金字塔的底层需求；知识检索的路径和效率才是体现“用户友好性”的关键。

三、优化用户体验：权威知识“碎片化”与“完整性”的统一

高端不是高冷，为拉近和读者的距离，很多人都提出过开放式编纂的想法，但出于对政治导向、内容质量等

多方面的考量，这样的想法很难实现。为提高条目的可读性，三版在多媒体内容建设方面做了大量工作。在此基础上，还需进一步挖掘“互动传播”和“优化体验”的方式。

例如从检索和链接系统（即传统百科的目录、参见和索引系统，以居民楼水电系统为喻）着手。传统百科全书的目录、参见和索引系统由编辑和作者共同建立，虽有一定科学性，但受纸质传播的局限，无法进行后期优化。在网络版中，检索和链接系统的建立和优化应贯穿于产品的整个生命周期，特别是用户参与的使用周期中（以住宅装修中的“水电改”为喻），让用户从自己汇聚出的“大数据”中受益。

具体可从以下四个角度深入挖掘：①优化检索，减少读者在单个页面上的停留时间（以1000字的平均字数设计），迎合“碎片化”的阅读需求；②提供个性化的“知识足迹”或“知识地图”，增强互动和用户黏性；③一定程度上复兴传统百科全书的系统自学功能（“没有围墙的大学”）；④开放链接，加强审查，在合理范围内进一步开发和挖掘商业化潜力。

不忘初心，走青年创新探索之路

——以中图公司青年创新民国项目为例

中国图书进出口（集团）公司　石　岩

党的十九大报告指出：“要坚持中国特色社会主义文化发展道路，激发全民族文化创新创造活力，建设社会主义文化强国。”历史文献是文化的重要组成部分，由于战争原因，我国一些文物及史料流落海外，作为文化企业“国家队”，我们有责任有义务去探索并找回这些珍贵的文献，为传承优秀传统文化，发展好中国特色社会主义文化作出我们的贡献。这也是我们选择做民国项目的“初心”。

一、民国项目简述

民国项目全称是海外民国时期历史文献数字化回收项目，主要是挖掘遗失在海外有关我国民国时期的历史文献，并将其数字化回收，这是中图公司首次从海外公共档案馆数字化采集一手文献资料并整合成自己的产品。

公司领导对项目非常重视，给予我们大力的支持与协助，使我们一群工作经验尚浅的青年人得以推动项目顺利进行。

民国时期历史文献主要是指反映我国 1911—1949 年间历史事件的档案。这些文献由于当时信息采集方国别不同或战乱等原因流落到海外，造成了我国该时期史料的空白。这段时期的历史文献主要分为两大部分：一部分是非战争题材，反映当时国内社会各方面情况的；另一部分是战争题材，也是这段时期最重要的文献，里面不仅涉及中国人民是如何参与到全人类反法西斯斗争中去并取得最终胜利的，还有反映中国共产党是如何一步一步带领中国人民取得解放的重要文献。

经过六年的摸爬滚打，我们通过各种渠道先后对美国、英国、德国、法国、俄罗斯、日本、新加坡等国以及我国台湾地区进行了摸底调研，并率先从美国数字化采集回几批战争题材文献。其中包括：二战题材历史照片 2.3 万余张、影像资料 28 份、缩微平片千余卷；另外还包括反映日本在华战争罪行、日本化学细菌战、中国二战绝密档案等主题的原始纸质文献约 4.1 万页。这些文献全部被国家重点机构购买收入馆藏，并在 2015 年世界反法西斯战争七十周年纪念展览中得以展出。至此，民国项目为填补我国史料空白作出了一定的贡献，并逐步成长为公司新的利润增长点。

二、民国项目的创新实践与思考

民国项目作为一项开创性业务，可参考的经验几乎没有，我们一群青年人对于要做的具体工作一知半解，颇有点小马过河的意味。那时候是我来公司的第七年，也算是稍有工作经验的青年员工，但直到真正参与到项目中去才发现，创新工作远比嘴上说的复杂得多。

（一）错时差的工作

民国项目的工作地点基本全部在海外，除了当地文化、法律法规不同外，时差对我们来讲是最大的困难。尤其在美国时，我们在工作的时候国内在睡觉，国内在工作的时候我们又进入了梦乡，有时候需要确认一些信息往往需要至少两个工作日，适逢周末周期更长，这对于出差在外时间紧迫的我们来说是不可避免的难题。而且由于项目期间不能放下手头工作，我们出差期间基本从睁眼到闭眼都在工作，有时候国内有急事半夜也会起来工作，一期项目做下来非常辛苦。

（二）严苛工作程序

数字化历史文献都是跟老旧破损的纸质文献或老照片打交道。为了保护这些珍惜史料，收藏机构也会制定种种规则以确保在借阅过程中这些文献不会遭到损坏，而我们在工作中难免有些操作与这些规则相左，这时候我们只能耐心细致地遵循规则，一页页一点点小心翼翼地拿取文献，再通过摆放标尺、授权标签、摆正文献等步骤逐页进行拍照或扫描。每盒档案在开工前都需要我们去检查下文件的存储顺序，看是否在借阅过程中被打乱过、有无缺损或重复，并根据具体文献存储情况制定数字化方案，是拍照、扫描还是需要借助档案馆专有设备等。

（三）当家作主历练

细节出品质，实践出真知。做青年创新项目从行程作息安排、具体工作流程制定、工作细则制定、风险防控与管理等等环节都需要我们根据当时的实际情况自己决策，有些细节一旦没考虑周全可能导致整体工作的效率降低甚至搁置。我想这也是所有青年在创新工作中遇到的普遍问题。青年独立思考及行动能力的历练是青年创新动力的源泉，唯有激发并加以磨练，才能保证企业创新的有序发展，才能发挥青年在创新实践中的实践性、探索性和引领性。

（四）用心去探索

目前各大档案馆藏机构都在做馆藏数据数字化，然而这需要一个过程，我们在调研期间发现有些内容只能在原始的纸本索引中才能找到线索，有些线索只能靠询问资深的档案管理员才能知晓，有些文献以不平常的载体形式存储着。同时，我们还要尽量避免去做重复性劳动，我们需要了解国内类似项目的进展情况，同时也要对目前国内市场现状有所剖析，最后也要确保所挖掘文献的完整性，不能因为其中一小部分被挖掘过就放弃整部档案。但是有些文献由于管理不当造成了遗失或破坏，我们在扼腕叹息的同时也深深感到了这份工作的迫切性。

（五）创新要再创新

经过这六年来的发展，我们已经基本形成了一套合理的发展机制，项目已经立稳脚跟，每年都可以稳定回收一部分史料。但发展也同时遭遇了瓶颈，这主要体现在两点：其一是调研有余数字化效率不足；其二是项目产品创新动力不足。目前我们开发的产品只停留在史料的整编销售上，并没有足够的资源和精力去对史料进行进一步的挖掘。要还原历史，讲好中国故事，需要以人民群众喜闻乐见的形式加以推广，比如与其他单位合作制作纪录片、电影、系列电视剧等，在合作的同时我们也有机会去更好地了解市场、拓展新的信息渠道，同时也提升了企业的影响力。

三、关于鼓励支持青年创新的三点小建议

习近平总书记在党的十九大报告中强调，“青年兴则国家兴，青年强则国家强。青年一代有理想、有本领、有担当，国家就有前途，民族就有希望”。青年是国家和民族的希望，也是创新实践的主体，发挥青年聪明才智，为青年人生出彩搭建舞台，在助力青年圆梦的同时为企业发展提供不竭创新动能，已经是新时代的共识和客观选择。

建议主要有以下三点：

一是集团“十三五”规划为集团青年提供了更加广阔的创新实践舞台，在“两调四强”和“三大要领”指导下，我们青年人一定要撸起袖子加油干，立足本职岗位，勇于开拓创新，做助力新时代中国出版集团改革发展的弄潮儿。

二是希望集团和各单位为青年创新提供更加良好的环境与政策支持，对于切实做出成绩且有发展前景的项目给予孵化的机会，并通过高层往来进一步拓展发展渠道，分配适当资源搞好试点，为好的蓝图一绘到底奠定基础。

三是集团创新项目和创新奖章评选做了好几年了，我们都是参与者、实践者、受益者，发挥了很好的创新引领作用。但是目前这个活动缺少长期激励机制，而且奖励也非常有限。给青年更多支持就是给集团未来更多支持。

创新是青年的灵魂

新华书店总店　马圆圆

青年为什么要创新？梁启超有一段话能够回答这个问题：老年人常思既往，少年人常思将来。惟思既往也，故生留恋心；惟思将来也，故生希望心。惟留恋也，故保守；惟希望也，故进取。惟保守也，故永旧；惟进取也，故日新。

青春因为梦想而美丽，因为对创新创造的追逐而精彩。一个人的青春有很多让人迷恋的符号，如果要用一个标签去定义青春，创新理当成为青春的座右铭。

习近平总书记高度重视青年创新创业，他说，“青年是国家和民族的希望，创新是社会进步的灵魂，创业是推动经济社会发展、改善民生的重要途径”，寄语广大青年要“在创新创业中展现才华、服务社会”。响应总书记的号召，在集团的领导下，新华书店总店领导班子带领青年们积极投身业务转型、集中力量创新创业，逐步打造、形成了“一个园区，四个平台”的新时代发展布局，我们仿佛身临其境般看到一幅绚丽多姿的长卷缓缓展开：我们为之砥砺奋进的新华书店总店，虽历经八十载岁月浸染，终究焕发了新的活力。

在这幅画卷的创作者中，有这样一群年轻人，在当前纸媒发行量江河日下之时，他们迎难而上，勇于担当，想好办法、找新思路，在集团、总店领导的支持与带领下毅然创立了一份崭新的行业报——《国际出版周报》。报纸初创时我们听到许多质疑：总店要做国际化业务，可能吗？如今纸媒式微，你们创办一份新的行业报，如何盈利？有人选择冷眼旁观。但令我们意外且由衷感到幸运的是，更多的人用实际行动与我们一起，真的让周报生存下来，至今累计发行了七十余期中文报纸，推出国内出版界第一份全英文月刊。

为响应集团“不断增强市场竞争能力、融合发展能力和国际传播能力”的号召，我们凭借有限的资金与无限的热情，下定决心要打造国家出版“走出去”的重要平台、出版行业改革发展的推动平台、国际文化传播平台。瞄准这样的目标，我们全力建设中英双语国际出版网，成功在北京 BIBF 及伦敦书展举行上线仪式。同时，在中国出版协会、国际出版商协会、中国出版集团公司、伦敦书展等多方帮助与支持下，我们成功举办了三届国际出版企业高层论坛，吸引了来自中国、欧美及“一带一路”沿线二十多个国家的数千名出版人参与其中。我们努力用世界上使用最广泛的语言向国际出版人传递来自中国的声音。

创新的路上，未知的坎坷与机遇并存。每次论坛的举办，都要同时出版中英文特刊。每当这样的时刻，为了争取按时保质完成出版任务，小伙伴们通过互相学习身兼数职，编辑们能排版，市场小妹能写文，新媒体小编能拉赞助。身在其中，我也看到了这种创新创造所遇到的挑战与障碍。我们如何更好地通过一份报纸将优秀民族文化介绍给海内外读者？如何保证我们英文刊的翻译质量？如何更接地气，让周报成为中外出版人必读又可靠的资讯平台？还有最关键的一点，作为市场化运营的一份行业报纸，如何在读者基数有限的情况下，实现社会效益与经济效益双丰收？

信心不足的时候，市场效益尚不理想的重压下，党的十九大报告中这样一句话为我们打了强心针：要推进国际传播能力建设，讲好中国故事，展现真实、立体、全面的中国，提高国家文化软实力。这一内容无疑为我们未来的发展指明了方向，也更加坚定了我们以创新创造助力中国文化“走出去”的决心。

党的十九大报告中也对青年人做事提出明确要求。“广大青年要坚定理想信念，志存高远，脚踏实地，勇做时代的弄潮儿。”这是要求，更是鼓励，梦想只垂青那些有实干精神的人，只有勇于创业、敢闯敢干，努力在实践中闯新路、创新业，将自己的脚坚实地踏在地上，才能不断前进，终将承担历史和人民赋予我们这一代青年人的使命，为中华民族的伟大复兴贡献我们的智慧与力量。

青春就是实干，我们不能总是抱怨这里的环境不好，那里的体制有问题。如果这样的情况出现，最大的问题也许是：青年人自己没有首先行动起来找思路、想办法。“空谈误国，实干兴邦”，我们要立足本职、埋头苦干，从自身做起，从点滴做起，用勤劳的双手、一流的业绩成就属于我们的出彩人生。

创新不是摒弃前辈累积的经验，而是在实践中不断找到更有效率、更高质量的工作方法，积极学习新知识，努力掌握新技能，一丝不苟地完成每一件朴实的工作，这是青年创业之根本。一个没有创造品质和创新精神的年轻人，只能成为谁都可以替代的“人手”，而成不了不可替代的“人才”，更难成令人尊敬的“人物”。

我们继承的事业是用创新创造写就的；未来我们要传承的事业，也要用创新创造描摹！青春无悔，创新无畏！

弘扬传统文化　推动文化繁荣兴盛

荣宝斋　江　翠

习近平总书记提出，要繁荣文艺创作，坚持思想精深、艺术精湛、制作精良相统一，加强现实题材创作，不断推出讴歌党、讴歌祖国、讴歌人民、讴歌英雄的精品力作。荣宝斋也是以倡导“讲品位、讲格调、讲责任，抵制低俗、庸俗、媚俗”为己任，以坚持高端品质为特色。“诚信为本、荣名为宝”是荣宝斋一直以来秉承的信条。也正因如此，荣宝斋成为“高端、保真”的代名词。荣宝斋品牌的信誉不是一朝一夕得来的，而是长久以来践行其经营理念的结果，这也是荣宝斋经历风风雨雨依然独占龙头的主要原因所在。

在注重经营的同时，荣宝斋还致力于造就和发掘高水平的创作人才以及德艺双馨的名家大师。加强同当代艺术家合作，以多种形式向公众推荐介绍艺术作品，扩大顾客选择范围。比如：近年来，荣宝斋书画经营部陆续举办了“范曾迎春展”、李延声画展、杨天颐画展、马海方画展、赵准旺画展等等，这些画家也是当代非常具有代表性、高水平且具有广泛群众基础的艺术家，每场展览都受到社会大众的普遍好评，也收到良好的经济效益。在展览期间举办的公益活动“范曾大讲堂”也是一票难求，短短十几分钟，所有的票就被预订而空。后来应大家的强烈要求，荣宝斋领导和范曾先生又临时决定增加一场，上座率依然爆满。这也说明当今社会大众对于传统文化的重视及国学知识的渴求，也体现荣宝斋作为艺术领域龙头企业对传播传统文化等社会责任的担当。

习近平总书记还提出要满足人民过上美好生活的新期待，必须提供丰富的精神食粮。这也是荣宝斋一直以来对自己的要求。对于顾客不同喜好，我们会根据不同时期、不同主题特点，把相关作品以展览形式集中展出，尽可能满足每个顾客的需求。如：以民国时期京派绘画代表人物的书画作品为主题举办的“世纪的背影——荣宝斋藏近代京派绘画展作品”展览；在金秋菊花盛开的时节，荣宝斋书画经营部也适时推出“秋风吟——荣宝斋藏名家画菊展”；在除旧迎新的新春期间，“闻鸡起舞——名家画鸡集萃”展览使广大书画爱好者过了一个传统文化年，增添了节日喜庆气氛。随着人们对传统文化越来越重视，历代诗词歌赋又重新燃起大家的热情。而诗书画向来是一家，从唐代王维起，就有着“以诗入画，以画入诗”的传统，而“诗情画意——荣宝斋藏作品”展览也正是在这一基础上举办的；而“江山如画”展览让参观者一次就能饱览祖国的大好河山，在欣赏艺术的同时激发大家的爱国情怀等等。这些展览就不一一枚举了，这些各具特色的展出让大家以一个新的角度去诠释这些作品，更能激发书画爱好者观看的兴趣点，也能更准确定位顾客需求，在获得社会效益同时也能增加经济效益。

现代网络的发达超出了人们的想象，已经渗透生活中的方方面面，使文化传播速度更快、范围更广，也更有力促进和推动了文化的繁荣兴盛。微信、微博、网站是当代更易被人接受的一种传播方式。荣宝斋各部门也很好地运用了这一传播方式。如荣宝斋画廊于 2017 年 4 月初推出微信公众号服务，每周都会及时更新一至两期。这种方式发布消息更及时、介绍画家及书画作品更全面，短短几个月，关注度急剧上升，几乎每篇文章阅读转发量都在几千人次，关注人数也是稳步上升。这种通过网络宣传的效果是非常明显的，有更多的人能通过这一渠道了解书画艺术的魅力，并有多幅作品，顾客通过微信提前了解情况，最终慕名前来购买。

一个传统行业要想繁荣兴盛并保持持续、稳定、高速的发展，做出调整和改变是必须的。比如经营范围的调整：近现代书画名家作品市场认可度高，一直是荣宝斋书画经营业务的主要板块。但我们也要及时熟悉市场动态，了解当代中青年艺术家的创作理念，并适时推荐给大众，让艺术品市场“百花齐放、百家争鸣”。比如宣传方式的调整：以往宣传方式比较单一，主要以纸质媒体为主，并偶尔抱有“酒香不怕巷子深”的想法，这显然在瞬息万变的信息社会是不适用的，全方位、多角度的宣传很有必要。比如：我们在纸质媒体的宣传以专业、深度解读为主；网站的宣传时效性比较强，可以及时发布展讯信息；而新增加的微信宣传可以形成一系列的主题介绍，风格轻松、角度多变，还能有一定的互动性，更适于当今的大众阅读习惯。比如工作人员的培训：荣宝斋的员工日趋年轻化，对当今社会的发展适应性更强，斋里领导一贯要求并鼓励员工时时学习并掌握对书画作品的鉴赏、对书画市场的把握能力。但当今社会人才的单一化是远远不够的，在此基础上还需要了解书画作品周边的相关知识，对书画作品不仅有纵向解读还要横向分析。还有网络平台的良好应用，这些也是以后我们需要努力加强的。

荣宝斋在艺术品市场的起起伏伏中正在稳步前进，其发展目标和定位更加明确，对顾客的各种需求也更加细化，并逐渐找准自己的经营特色和发展方向；紧抓自己的传统优势并与时俱进，跟上时代发展的脚步；拓展思路，多方位经营，在主营业务基础上也在努力开发周边产品，丰富商品内容，全方位服务顾客，使这个具有三百多年历史的老店在新时代依然焕发青春活力，依旧保持在艺术品市场的王者风范；并且始终不忘传播优秀传统文化，推动文化事业繁荣兴盛！

大道行思，取则行远，推动“四个人美”建设，促进文化繁荣兴盛

中国美术出版总社　赵军平

集团领导来美术总社调研和讲党课时，分别给我们提出了两个前五的目标——即行业专业前五、集团内部前五，以及提出打造美术出版集团的要求。集团领导的殷殷期许既要求严格又语重心长，既发人深省又催人奋进。为此，我们提出了建设“四个人美”的理念——即出版的人美、美术的人美、教育的人美、数字的人美。今天的人美人正以习近平新时代中国特色社会主义思想为指引，按照集团领导的指示和要求，努力推动“四个人美”建设，促进文化繁荣兴盛。

一、我们努力做国家级艺术文化精品的锻造者

一是突出专业特色，做强专业骨干图书。现在提起人美社让人能想到的图书有《中国美术全集》、“大红袍”

等，专业骨干图书就是像这样具有持续十年、几十年的影响力，成为一代人甚至几代人心目中的王牌图书。目前，我们正在组织力量编辑“人美画谱”“人美印谱”“人美书谱”和“连环画谱”，以及正在编辑的《中国工艺美术全集》等，让这些图书成为我们奉献给社会的经典，继续擦亮“人美”这块金字招牌。

二是重视高端美术图书，多出精品力作。发扬人美传统，凝聚美术界高端人才，是这类书的主要特点。如计划出齐几个著名经典版本的《中国美术史》，继续做好《人美文库》的出版，精选著名画家出版作品集，出版名家技法和课徒稿等等，充分发挥在行业内的领头作用，提高美术图书的出版水平，巩固和扩大人美社的品牌美誉度。

三是以全国连环画大赛为契机，启动连环画振兴计划。2016 年 8 月 17 日，“东升杯”全国连环画征稿大赛启动仪式在上海书展成功举行。我们将以此为契机，开展一系列连环画出版和宣传推广活动。目的是发现优秀作品，凝聚新老作者，振兴中国连环画。

二、我们努力做艺术文化“走出去”的积极实践者

一是以绘本和漫画图书的形式对海外青少年读者讲述中国历史和当代故事。我们意识到以漫画和绘本的形式向海外读者讲述中国的历史故事和名人逸事是向海外讲好

中国故事的有效形式。比如韩文版《荷花回来了》、越南文版《绘本西游记》，泰文、印尼文、日文、韩文等版本《漫画中国历史》等。

二是以传统的连环画形式对海外成年读者讲述中国经典的历史故事。如法文版《水浒传》，该书在海外亚马逊网站热销并再版。发挥连环画大多取材于中国经典文学与戏剧故事的特点，向海外输出生动讲述中国古代女性故事的《杨门女将》《西厢记》等。

三是结合有国际影响的重大历史事件推出深受输入国家欢迎的连环画故事。如演绎为类似电影再现形式的丛书《南京的陷落》《第二次世界大战连环画史》等由韩国出版，在抗战胜利七十周年暨世界反法西斯战争胜利纪念日之际中韩同步出版。

三、我们努力做核心价值与大众美学的有力传播者

一是加大普及类图书的开发力度，努力做到有品质的普及。我们以“两办”印发的《关于实施中华优秀传统文化传承发展工程的意见》为指导，针对书法热的现实情况，实施经典碑帖普及计划。出版一批面向大众读者的碑帖，注重内容和品质，做有品质的普及类出版物。目前，已经出版《中国最具代表性碑帖临摹范本丛书》，市场反映不错。同时，为了弘扬中国传统美术文化，出版了

一批面向大众的图书，如《最美中国画100幅》《看见美好》《老树作品的背后》等一批普及类出版物，扩大市场影响力。

二是弘扬社会主义核心价值观，实施传统连环画进校园活动。2014年至今，共出版了三批《北京小学生连环画》，出版品种600余种，总印数达541.2万册，覆盖北京市全部小学。

四、我们努力做美育教育产品的核心提供者

一是在现有教材的基础上，开发幼儿和大中专美术教材，形成全学龄段美术教材全覆盖。2016年9月，成立了教材编辑中心，新组建了幼儿美术和大中专美术两个编辑室，调配精兵强将，实现编辑力量专业化、年轻化。

二是集中一流专家，努力提高教材编写质量。配强编委和编写人员队伍，主要包括在美术界和教育界都具有较高知名度的领军人物、具有教材编写经验的教育专家和具有实践教学经验的一线教师，这三者的结合既使教材编写能够做到从专家的学术高度深入，又能够结合实践经验浅出，使之被更多地区和不同教育水平的教师和学生所接受。

三是建设人美美育学堂，推进美育教育。我们与教育部课程教材发展中心合作，将陆续在全国12个基础教育改革创新实验区建设人美美育学堂。通过举办“大家讲

坛”“课例研修”“美育论坛”“书画展览”等活动，综合运用数字技术，将人美美育学堂建设成为美术示范课的展示交流中心、区域性教师交流培训中心、美术教学成果展示中心和学生兴趣爱好活动中心。

2017年上半年，集团成立十五周年改革发展成就展在美术总社举办，使我们看到了十五年来集团发展取得的辉煌成就，也极大地振奋了人美人坚持正确导向，坚持专业立社，坚持贴近时代、贴近读者，弘扬“中正大雅，朴真至美”的人美精神！美术总社正努力打造集美术出版、期刊经营、美术教育、艺术品电商于一体的行业领跑者形象，实现传统美术出版企业的转型升级，建设名副其实的美术出版“国家队”，为集团发展作贡献。

2018年

有无相成　虚实相生

——中图现代书店“新零售”探索之路

中国图书进出口（集团）公司　裘　翀

国务院办公厅印发的《关于推动实体零售创新转型的意见》对推动我国实体零售创新转型作出了规划。作为实体零售的亲历者，我将从我们中图现代书店所经营的线上与线下零售业务的角度，阐释我们对于实体零售创新转型的理解，以“新零售”为切入点，探讨线上线下融合发展的可能与路径。

定义“新零售”：“新零售”是什么?

“世上本没有路，走的人多了，也便成了路。”——鲁迅

对于如同我们这样实体零售领域的从业者来说，“新零售”是一条“创新”之路，我们都期待着一场颠覆性的“变革”。但是“变革”绝非易事，这其中有两个方面的内容需着重考虑：

一是怎样基于“人、货、场”的整体框架进行重构，以消费者为核心进行创新，从而最终创造出新的零售业态。

二是怎样规划整个产业链的重构。“变革”不只是表现为消费者接触场景的变化，更重要的是消费者消费体验的变化。因此，这就要求在背后支撑消费的元素如供应链、物流运营、支付金融等必须进行重构，以期创造出新型业态场景，让消费者感受到全新体验。

理解“新零售”：回顾零售的演化历程

“你回首看得越远，你向前也会看得越远。”——温斯顿·丘吉尔

图书这个可以追溯到千年前的产物，在时代的颠簸中不断调整面向消费者的姿态，它历经了从书店业态转变到传统电商再到移动电商的不断演化：大批民营实体书店倒下，取而代之的是小众书店、独立书店、24小时书店的茁壮成长；从贝塔斯曼的书单邮购到当当、亚马逊的垂直网购平台，再到以社交关系为纽带、以社群为基础的微信营销，这个时常被戏称为“夕阳行业”的文化产业，在每次变革浪潮中都走在了最前端。

不过，在这个过程中，供应面却暴露出了诸多问题：库存风险、物流效率、产品同质化、竞争扁平化等等。

我们探索实体零售创新转型、探讨“新零售”的意义

在于，这是我们中图集团转型发展的良好契机，在中国出版集团“三型集团”发展战略、中图公司大众市场一体化布局及资源整合要求的大背景下，它为我们打开了一个更为广阔的思维空间，将促使我们去规划整个产业链的重构：新型的供应链、物流运营、库存资源、新业态场景下的书店体验等等，使传统线上和线下的资源都朝着相互融合的方向努力进化，为集团转型发展提供思考与借鉴的路径。

探索“新零售”：有无相成，虚实相生

“我从不想未来，它来得太快。”——爱因斯坦

作为进口图书领域的实体零售商，中图现代书店一直在探索实体书店的创新转型、线上线下的融合发展。对“新零售”模式的探索，我们逐步摸索并形成如下几点可资借鉴的经验。

（一）全渠道

中图现代书店现共有 4 家线上网店、7 家线下实体书店。在线上与线下两种模式同步经营的过程中我们发现：线上经营模式在用户的消费过程与体验方面要远逊于实体店——不能满足人们日益增长的对高品质、个性化、体验式消费的需求成为阻碍线上模式进一步发展的“硬伤”；而线下模式经营的难点在于各项成本的大幅度增长：租金、装修成本、人员成本……这些都意味着实体经营利润

的减少。

因此，综合线上与线下模式的优缺点，我们探索运用线上与线下融合发展的“新零售”模式来启动消费购物体验的升级：我们鼓励线上消费者去线下实体店体验，线下体验，线上消费；我们调整实体书店以利润为核心的考核方式，以会员数量、活动反馈、社会知名度、品牌美誉度等综合指标来考核实体书店；我们努力将网店、微信商城、实体书店等多种线上与线下渠道结合，商品、库存、会员全渠道共享，并朝着深度融合方向迈进，将线上与线下零售捏合为一个整体，作为零售大板块通盘进行考核。通过这些举措，构建线上与线下融合发展的全渠道生态格局。

（二）资源化、数字化与智能化

我们认为“新零售”模式的本质是品牌化扩张，因此在实体书店方面我们倾全力打造旗舰样板店，最大程度地沉淀顾客。在此基础上，我们希望借助优势资源、技术与智能硬件等重构书店零售卖场空间，对书店进行资源化、数字化与智能化的终端改造。

在中图集团大众市场一体化战略布局的背景下，我们可以借助中图集团 POD 优势项目及海外代采平台，将最大规模的进口图书选书平台引入书店，将线上网店的无限延展性与线下书店物理空间对接，通过“长尾”图书的线上销售来获取利润。

同时，我们希望线下书店能以物联网为基础进行智能化应用，通过智能货架与智能硬件，如 VR 虚拟技术延展书店时空，构建丰富多样的全新体验场景；并借助数据资源优势，使顾客、商品、营销、交易 4 个环节的数据整合完成营销数据智能化，在顾客选书的过程中，通过大数据分析其消费喜好，智能制造偏好图书与消费者不期而遇的“偶然性”，在“不经意间”为其提供意外惊喜，提升购物体验、客单价及下单转化率。

（三）去库存

通过线上网店与线下实体的全渠道互通与改造，线上与线下的各种资源——商品、库存、会员等将融合成为一个整体。特别是在库存方面，通过高效的系统和现代化物流，网店库存将与门店库存连接起来，使曾经在“电子商务”时代被割裂的线下与线上库存完成共享的同时，也使所有库存都变成可被发现、可被使用的“活库存”，从而将我们整体的库存风险降至最低限度，最终达到去库存的目的。

不过，线下实体技术与智能硬件的终端改造，需要专业的技术人才与一笔不小的资金投入，这是困扰我们的最大的痛点。但是，我们始终坚信办法比困难多，未来可以通过引入战略投资或持股混改经营，为解决人才与资金问题提供可能。

不久的将来，中图现代书店线上与线下很可能将呈现出这样的场景：线下是精心设计的书店，它将由技术驱动，消费者可以通过线下书店触摸并感知品牌；同时，基于线下品牌体验的亲密度，消费者将更加增添对品牌线上的信任度，购物也将由此变得更有效率。

线上与线下达成了这种微妙的平衡，便真正地融合在了一起，从而最终臻于“有无相成，虚实相生”之佳境。

移动互联网下半场的出版融合

中国出版传媒商报社　陈　莹

中国互联网络信息中心（CNNIC）发布的第42次《中国互联网络发展状况统计报告》显示，截至2018年7月，中国网民数量已超8亿，其中98.3%网民使用手机上网。报告还显示，截至2018年6月，中国网民人均周上网时长达27.7小时。

自2014年移动互联网元年至今，不到5年时间，中国网民数量快速逼近人口总量。而随着用户增长放缓，各大平台抢夺用户注意力和时长成为常态，当短视频、音频、知识付费、新闻资讯等产品填满了用户碎片化时间，移动互联网下半场的竞争逻辑变了，传统出版的融合路径也应随之变革。

坚定“内容为王”

2018年1月，中国出版集团公司2018年度工作会议上，集团领导在报告中强调以习近平新时代中国特色社会主义思想为统领，努力打造主流出版型、融合发展型、国际传播型“三型集团”。

大数据平台 QuestMobile 发布的《中国移动互联网 2018 年秋季大报告》显示，用户时长进一步碎片化：短视频持续吞噬用户使用时长，即将赶超在线视频；通讯社交、观看视频、阅读资讯及线上购物仍然占据着移动互联网用户大部分的使用时长。与此同时，内容为王的时代给了新产品绝佳发展机遇，新的典型 APP“爆发力”增强，获取用户的时间越来越短，抖音短视频日活跃用户从 4000 万到 1 亿用时 2 个月，从 1.5 亿到 2 亿也只花了 5 个月。

当内容的传播渠道变了、受众的注意力变了，应赋予“主流出版型集团”更多元的内涵——迎合整个移动互联网时代的用户主流、媒介主流、产品主流。用户在哪里，出版内容就应该触达哪里，并且触达用户的方式也需主流起来。

移动互联网时代，优质内容因流量平台和新媒介而重新焕发生命力。音频视频、H5、小程序、短视频、动漫画既是链接用户的手段和渠道，也是实现内容变现的终极媒介。

三联“中读”将创刊 25 年来的纸刊内容数字化，成为“中读”APP 的内核，并以“我们为什么爱宋朝”“宋朝那些人”两期封面故事为起点出版《宋朝美学十讲》，继而衍生出付费音频和新的纸质图书，堪为传统出版转型知识付费的典型样本。

渠道即流量，流量是内容变现的基础。《三联生活周刊》已形成纸刊、微信公众号、“中读”APP、头条号的内容矩阵。2017年，《三联生活周刊》与今日头条达成战略合作，周刊旗下所有内容集体入驻头条号，包括：《三联生活周刊》、三联“中读”、爱乐、三联节气和新知。仅《三联生活周刊》头条号便能实现日均更新十余篇图文、视频内容，抢占流量高地。

目前，集团旗下人民文学出版社、商务印书馆、中华书局、荣宝斋、中国出版传媒商报社等均入驻今日头条。

再如中版数媒公司动漫事业部的漫画IP《钟馗传奇》，在图书出版的基础上，拓展网络剧、手游，探索IP全产业链开发，盘活原有漫画粉丝的基础上，用更符合年轻人“口味”的方式产生经济效益。

聚焦出版领域，纸电同步已不罕见，自出版也正成为趋势。移动互联网时代出版社不再是传统意义上的出版社，做好“主流出版”需要出版社既能做营销、活动策划，又能玩转直播、音频、短视频，既能“高大上”做好文化渗透，也能“接地气”和用户深度融合在一起。

抢占新渠道新场景

2018 年 4 月 19 日，“中国出版集团数字化综合运营平台”正式上线。聚合了移动客户端、在线平台、数据库、电子书、音视频等多种形态的内容，其中包括移动客户端 43 个、在线平台 33 个、数据库产品 9 个。这是“实现努力打造‘三型集团’的奋斗道路上，要以内容数据化为中心，构建国家级专业大数据知识服务体系，奋力打造新时代融合发展型集团”的创新尝试。

融合发展离不开数字化，2018 年 BIBF 上，中国出版集团重磅推出第二批“数字化”成果“晓知识”APP——集媒体、导购、社区、工具属性为一体，高效获取优质知识的移动客户端产品。“晓知识”还是知识导航工具，可以为用户提供知识服务精选内容。

当下，用户的碎片化时间成为抢夺焦点，由此促使小程序、短视频、音频等轻量级应用爆发。截至 2018 年 10 月，抖音日活数超 2 亿、月活数超 4 亿，吸引数千个政务机关、媒体机构入驻。抖音已经成为内容发布的新渠道。集团旗下商务印书馆、荣宝斋、现代出版社、中译出版社等已经开设抖音账号。

新技术方面，VR/AR 赋能传统出版，人民文学出版社尝试用 AR 技术将电视节目《朗读者》《开学第一课》《谢谢了，我的家》等集结成书，仅需一个“人文

AR”APP 就能把带有 AR 技术的人文社图书一网打尽，AR 读书恰好迎合了读者利用碎片时间的观看需求。

大数据应用方面，中国出版集团已布局“经典古籍数据库”“语言文字知识服务平台”“在线音乐教育平台”“易阅通平台”“译云大数据语料库”“新华商城”等产品。中国对外翻译有限公司自主研发的跨语言大数据分析平台“译见”，采用了语义搜索、机器翻译、机器学习、语义分析、问答系统、智能采编等人工智能技术。

再如中国出版传媒商报社与北京奥示数据信息技术公司联合构建的“商报 · 奥示数据”，通过对覆盖全国大部分省域实体书店 POS 销售系统和部分网店发布数据的实时监测，获得书业市场动态数据，向大数据要价值，再将有价值的数据赋能至出版发行等环节。

移动互联网时代，内容载体更多样，人工智能、大数据、VR/AR 等新技术赋能内容产业，也为中国出版集团打造“融合发展型”集团提供了更多可用资源和发展机会。

正如集团领导所说，中国出版集团精品数字化综合运营平台统一抓取、展现其所运营的数字出版内容产品，变松散的产品为一个整体，建立互补、完整的产品线，促进产品的良性竞争、有序发展，形成服务生态。

锚定“走出去”新机遇

“弘扬传统文化”“坚定四个自信”被写入 2018 年政

府工作报告，中国出版集团提出打造“国际传播型集团”正是时代要求。新时代背景下，互联网模糊了国界，移动互联网则进一步模糊了内容传播的边界。

近年来，随着中国手机品牌在全球市场占有率不断提升，6000万海外华人、4000万中文语言学习者的庞大消费市场持续增长，各大平台积极“出海”寻找赢利点，我国网游、网剧、动漫接连输出海外，具有中国特色的“网生内容”已成“出海”主力军。当世界对中国文化兴味盎然，中国出版集团及子公司的海量出版物、电子书已经走在“出海”前列。

中国出版集团通过现代视角输出传统文化图书900种，通过厉以宁、铁凝、贾平凹等讲好中国当代故事，通过恩道尔、狄伯杰等海外学者讲好中国话题。其中《中华文明的核心价值》《山楂树之恋》都输出了20个语种，《中国道路与新城镇化》等进入国际主流出版渠道。

11月10日举办的第6届上海国际童书展上，中译出版社的“薛涛大奖作品外译书系”面向国际推广。10月27日，人民文学出版社以《朗读者》为基础编纂的同名图书与俄罗斯、德国、印度等6个国家的出版社签订了8个语种的版权合作协议。在此之前的8月23日，商务印书馆与格鲁吉亚金羊毛出版社就《新华字典》汉语—格鲁吉亚语翻译出版签订合作协议。

远有中图公司研发的“易阅通”，已积累外文电子书

40 万种、外文电子刊 1.2 万余种、中文电子书 43 万种、中文电子刊 70 多种，以及中文有声书、中外文数据库等。近有中国出版传媒商报社，连续 4 年与伦敦书展战略合作推出《伦敦书展英文专刊》，为出版企业构建影响力和传播平台。商报还与法兰克福书展联合发布创意工业创新奖，表彰出版产业链上下游的领军企业。

集团领导曾说："打造'国际传播型集团'的战略要点是版权、项目、翻译、数字化、人才、机制。"通过整合内部资源，贯通数字化与国际化业务，加快形成新的数字"走出去"模式。

但是，移动互联网大潮下，"走出去"的新机遇在哪儿？

11 月初，移动音频平台蜻蜓 FM 宣布通过亚马逊 Audible、全球最大图书馆有声书供应商 OverDrive，以及第二大图书馆有声书 Hoopla 等合作伙伴"借船出海"，首批覆盖 60 个语言的 103 个国家。与此同时，蜻蜓 FM 加入美国有声读物出版协会，并将打造中国的"奥帝奖"。

用户渗透率不足 20% 的音频市场也可能是出版融合的突破口。互联网公司已经试水国际市场，有声书也应成为中国出版集团"数字化"的中坚力量。

过去 16 年来，中国出版集团坚持中版特色道路、坚守出版主业定力而结出的硕果，印证了出版"国家队"在主流出版上的传承性、创新性与时代性。从 2012 年的

“三六构想”到 2016 年的“两调四强”，再到 2018 年的“三型集团”，中国出版集团的战略指向既一脉相承又持续升级，彰显出强烈的时代感、实操性和前瞻性。然而，步入全民娱乐、碎片化时代，弘扬传统文化成主旋律，中国出版集团更应该也必须掘金于移动互联网大潮。

稳固版权输出基础　创新国际传播形式

生活·读书·新知三联书店　孙　玮

国际传播能力是衡量一个国家文化软实力的重要指标，也是检验文化企业国际竞争力的重要标尺。新时代，中国日益走近国际舞台中央。讲好中国故事，展现真实、立体、全面的中国，是推进国际传播能力建设的有效路径。为此，中国出版集团提出打造国际传播型集团的战略目标。在集团“近期做响、中期做开、长期做强、总体做实”的基本方针指引下，生活·读书·新知三联书店将一如既往结合自身优势，将“学术”与“文化”作为开展国际化工作的两条主线，稳固版权输出基础，努力把期刊、图书、书店资源整合，创新国际传播形式，将积淀80余年人文学术成果的“三联”品牌推向国际社会。

首先，作为有效的“走出去”载体，版权输出要承担传播“四个自信”价值理念的使命。立足“传统文化的当代阐释”和“中国道路的学术表达”两大话题，把中国智慧与国际市场需求相关联，采集并探求适合世界读者的智识和经验，这是新时代做好版权输出工作的重要指导。在过去的两年中，陈来教授的《中华文明的核心价值——国学流变与传统价值观》版权输出20个语种，包括英语、俄语、法语、哈萨克语、吉尔吉斯语、土耳其语、阿拉伯语、印地语、越南语、乌尔都语等，覆盖20多个国家和地区，以施普林格·自然集团为代表的各国合作伙伴，都将该作品作为中国哲学和儒家思想对当代中国和世界的解读，这是西方世界及“一带一路”国家和地区对中国优秀思想的接纳和认可。以此为契机，2018年我们将继续开拓该作品的其他语种输出，带动版权输出整体数量和质量的提升，同时向海外推广《于丹〈论语〉心得》《百年衣裳》《中国茶密码》等一系列与中华传统文化相关的著作，并在改革开放四十年之际向国外介绍当代中国发展模式，如输出《直面大转型时代》《重启改革议程》《车记》等作品。

第二，版权输出要因地制宜，做好本土化对接，才能精准发力。一方面，从“走出去”的路线图来看，欧美是一条线，“一带一路”国家和地区是另一条线。欧美市场是国际出版的高地，其学术出版和大众出版泾渭分明，学术与数字出版的结合程度更紧密，大众出版仍然与零售渠道息息相关。因此，在合作方及内容选取上要更讲究针对性，有鉴别、求效果。面向“一带一路”国家和地区时，适宜采取“一国一策略”，细化内容主题和题材类别，根据不同国家和地区的需求做好版权输出工作。另一方面，内容本土化适配过程中，要考虑到话语体系与不同地域兼容的必要性和重要性。既要用好精通学科背景、了解中国的汉学家和国际学者，解决翻译的专业性问题，还要做好能对中国内容进行本土化改写的人才储备，保障中国故事进入海外市场的话语体系的兼容性。

第三，在响应“三型集团”的号召中，版权输出要把社会效益放首位，兼顾经济效益，尝试通过一些项目打通国际和国内市场，创新合作模式。实践过程中，一是要立足现实，以欧美知名出版机构和“一带一路”国家为主要输出对象国，积极申请国家翻译资助项目，落地多语种外文出版，做大做强中国文化影响力，实现“走出去”的社会效益；二是在三联书店与港台地区和韩国版权贸易实现盈利的基础上，挖掘适合国际市场的内容资源，探索出版国际产业链的市场规律，争取实现单品种图书的海外销售经济效益；三是在向海外推广名家作品的同时，尝试打通国内和国外的营销通道，以海外影响力反哺国内市场，实现国际影响力与国内营销的共赢。

经过近三年的努力，《中华文明的核心价值》多语种版权输出成效显著，成为三联书店国际合作的经典案例。经验可以归结于多个方面：一是作者陈来具有一定的国际影响力，“大家小书”的陈述方式，既有学术高度又相对易懂，具备“走出去”的基础条件；二是面对不同的输出对象国，谈判策略和机构选择更为多样化。在向欧美学术重镇推广时，我们更多强调的是该书作为中国哲学研究的学术价值，选择的合作方为全球知名学术出版机构；面向“一带一路”国家和地区时，我们提供了更多文化贴近的可能性，比如“如何从价值观念的深处解释中国人的行为举止”“如何理解中国人处理问题的方式”，这会让对中华民族好奇而敬畏的异国人士更易于接受来自中国学者的著作；三是经过谈判后确定了合作方，还要信任和支持他们的本土化运作方式，实现共赢。举例来说，我们与施普林格·自然集团保持了互信互利的合作关系，对于他们将该书纳入中国哲学研究的丛书体系，对线上线下的双向推广，以及对邀请陈来参加世界哲学大会并发表演讲，我们给与了专业而有力的支持；四是每个语种的翻译均选取了精通汉语和中国哲学的汉学家，多项国家翻译资助的到位为签约后的翻译出版工作提供了重要保障。

出版“走出去”是产业发展的路径，是国际传播的形式，也是国家赋予出版战线的重要任务。在过去的十几年中，中国出版“走出去”经历了从政府主导到政府推动，从国有单位参与到国有、民营和外资力量共同参与。在这条探索出版国际化的实践道路上，市场规律和国际惯例也日渐被发现和掌握，合作模式也日趋多元，版权输出、合作出版、外国人写中国、本土化机构设置及资本运作，都是在实践中摸索出的合作模式。在致力于打造国际传播型集团的工作中，我们会立足优势，遵循商业逻辑，以创新性思维和本土化理念参与国际出版产业。

从国际传播的内容来看，以“三联—哈佛燕京学术丛书”“当代学术”等经典作品为基础，可以开启与欧美重要学术机构的深入合作，实现从版权引进到版权输出再到合作出版的转变，进而开展更深层次的选题策划和内容合作。同时，从“翻译”到“改写”，探索国际出版产业链，尝试在更高层次上“走进去”。“翻译”在不同文化交流中的重要作用不言而喻，但“走出去”不仅仅是语言的转换，更是融入的过程。传递中国文化自信，让中国智慧在世界传播，既要准备好传递信息的内容，还要尊重不同国家和民族的思维习惯。从“走出去”到“走进去”，有些东西是翻译所不能及的，适度改写以适应本土化的海外市场，是中国出版参与到国际出版的过程，也是未来中国参与国际出版产业链的趋势。

从国际传播的载体来看，中国出版的数字化融合业态也是未来“走出去”的趋势，这在学术和教育出版领域颇为显著。学术资源的数字化和教育服务的平台化正日渐将传统出版带到知识服务和教育服务产业之中，其国际化道路也必然如此。三联书店在启动“丝路学术国际化数据库”这一国家项目时，一方面会做好《丝绸之路研究》国际电子期刊（英文版）的组织工作，另一方面整合历史文化领域研究“一带一路”国家和地区的数字丛书筹备资源库，借此项目与国际学术机构平台接轨合作，为学术作品的国际传播做好准备。

从国际传播的一体化来看，三联书店的期刊、图书和书店具有整体国际化的可能性。2018 年第 47 届伦敦书展将“中国书店精神奖”颁发给三联韬奋 24 小时书店，这份国际大奖是对三联人坚守书业、寻求创新发展的鼓励，也让“三联”这个名字在欧洲乃至西方世界有了一次深刻印记。书店“走出去”，不仅会成为出版国际化的渠道，还将深化中国内容与世界的融合，同时承载着文化传播的重要使命。

未来五年，是我国全面建成小康社会的决胜期，也是“两个一百年”奋斗目标的历史交汇期。我们要认真学习党的十九大精神，为中华民族伟大复兴的实现而努力工作。中国出版的国际化进程是中国出版人走向世界的必经之路，集团努力打造主流出版型、融合发展型和国际传播型的“三型集团”，也是为解决人类问题贡献中国智慧和中国方案，我们责无旁贷。

“承”故纳新　多元融合
将教育出版做大做强

商务印书馆　曹　婉

党的十九大报告指出：“建设教育强国是中华民族伟大复兴的基础工程，必须把教育事业放在优先位置。”建设教育强国的目标离不开教育出版的支撑。出版为教育提供了内容支持，承载着千年的知识与文明；出版为教育灌注了源泉活水，传递着时代的气息与新声。教育出版在传播知识、弘扬文化、传承文明方面发挥着重要的作用。

时代的新需求、出版的新形势，对我们的出版工作提出了更高的要求。面对建设“三型集团”的战略目标和时代赋予出版的现实使命，应如何补齐教育出版这块短板呢？下面我结合自身的工作情况谈谈对教育出版的所思所想。

一、“承”故纳新：反映时代潮流，凝结中华文化

打造主流出版集团，是我们对传统和现实的新概括、

对使命和责任的新表达、对发展和追求的新要求。教育出版需要在传承中弘扬，在坚守中创新。

第一，秉承我馆的教育出版传统，撷前人之精华，创当世之精品。商务印书馆自创立之初就确立了“昌明教育、开启民智”的使命。商务的创始者们下大力气推进教育，编印新式教科书，怀揣着“吾辈当以扶助教育为己任”的抱负和志向。商务印书馆已走过120余年，积累了丰厚的教材资源和教育宝藏。这些资源虽已时隔百年，看似蒙上了厚厚的灰尘，然而其内在的阅读价值却亘古未变，依然鲜亮如初。身为后辈，我们应该仔细发掘其中可资借鉴、善用的出版资源，并根据当今社会对教育的时代需求加以改造创新，撷取前人精华，打造当代精品。2018年，我们出版了“学生国学丛书新编”。这套丛书基于商务印书馆王云五、朱经农两位先贤于上世纪编辑出版的“学生国学丛书”，从“经、史、子、集”中精心选录最有价值的著作，辑注精要篇章，加之长篇绪言，无论是选目还是选篇，都具有永恒的阅读价值。时隔近百年，我们将这套经典丛书重新整理出版，由北京师范大学王宁教授主编，北京四中特级教师顾德希老师为顾问，对书中的内容进行校订，形式加以翻新，重新撰写导言，以帮助学生们走进经典。今后我们将继续在尊重前人研究成果的基础上，结合当下时代需求，进行内容上的调整、形式上的翻新、功能上的增减，“承”故纳新，打造更多面向当代学生的教育出版物。

第二，凝结中华文化主流精神，反映时代发展潮流。出版最重要的是回应时代需求，这是最大的创新。准确判断时代的精神，从内容资源的发掘上去满足时代的新需求，这是教育出版高质量发展的先决条件。2017 年，中办、国办印发了《关于实施中华优秀传统文化传承发展工程的意见》。近年来，中华优秀传统文化的学习与教育、继承与发扬，已逐渐成为中华民族的时代精神。我馆响应国家的号召，在传统文化教育领域不断创新，出版了一系列弘扬优秀传统文化的教材、读本，如《中华优秀传统文化》（小学到高中，共 10 册）、《民国经典国文课》（共 3 册）、“学生鉴赏辞典”系列（共 3 册）、《初中文言读本》（共 5 册）等。习近平总书记说：“一个不记得来路的民族，是没有出路的民族。”今后我们将继续把中华优秀传统文化融汇到基础教育中去，在传承中为其赋予新的时代意义，培养富有民族自信心和爱国主义精神的社会主义事业建设者和接班人。

二、多元融合：集聚数据资源，打造优质平台

近年来，习近平总书记强调，要推动实施国家大数据战略，推进数据资源整合和开放共享，为传统行业与大数据相融合指明了方向。教育出版要集聚专业领域的数据资源，开发平台，获取市场需求。

第一，注重数据，尤其是内容数据的多途径获取，加大对出版资源的集聚、分析和整理力度。教育出版应紧密联系教育行为的主体——教师，整合教育出版资源，建立资源数据库。这些数据不仅反映了其阅读行为、阅读需求、阅读偏好，更植根于内容本身。通过观察和分析数据，可以整合出优质的出版选题。比如近年深圳市宝安区大力推介整本书阅读课程化。在获取到这一数据后，我们及时介入，将其实践成果和经验思考呈现为《中学整本书阅读课程实施策略》一书。获取数据还可以通过文化服务的方式，提供产品后续培训和指导，直接接触产品终端。近年来，我们和编写团队先后前往河南省新密市、贵州省遵义市等地，和当地的教师进行教学研讨，为其今后更有效地使用我们的教育产品提供了指导和帮助，同时也获取了大量一手数据，有助于维护和更新已有产品，开发更多面向市场的创新产品。

第二，开发平台，打通资源，打造教育品牌。数据化的实现不光要靠海量的数据，更要通过开发平台，不断带动新的数据集聚，从而形成良性发展。商务印书馆近年来一直在开展面向全国的阅读推广活动，已连续六年和中国教育报刊社共同举办读书论坛暨年度“推动读书十大人物”揭晓仪式；和中国教育学会中语专委会共同举办“为中国未来而读——阅读行动研讨会”，足迹跨越我国东、中、西部地区，并编写《中学生阅读行动读本》，开展课例展示，和全国各地的语文教育工作者进行研讨；成立“乡村阅读中心”和“全民阅读促进中心”，开展各种公益阅读活动，为需要帮助的地区提供图书和教师资源，形成以学校、书店辐射村镇的阅读推广新模式。这些活动在教育领域形成了广泛的影响力，保证了数据的有效聚合，打造了优质的教育品牌。

第三，进一步深化内容与技术的融合，通过现代科技实现优质内容的多形态、多路径的有效性转化与传播。在呈现方式上，借助数字技术和多媒体，开发产品的创新形态，让内容能看起来、读起来、听起来、动起来。2018年5月，商务印书馆和华东师范大学出版社联合出版了全球第一本人工智能中小学教材，促进了教学方式的转变。今后我们将继续开发多形态的教育产品，如有声书、APP等，为读者提供更为全面的内容感官服务。在传播方式上，向不同传播媒介横向扩展，向读者用户生活纵向深入，构建教育服务线上平台，通过用户终端提供知识服务，在分析数据的基础上筛选内容资源，达到精准推送。

新时代下教育出版的前景是充满希望的，也是极富挑战的。教育为国家的发展和繁荣提供了内在驱动力。大力发展教育出版，体现了中国出版集团作为出版“国家队”应有的使命和担当。未来我将和全馆同仁一道，坚守信念，竭力奉献，为打造主流出版型、融合发展型、国际传播型“三型集团”，建成国际著名出版集团贡献力量。

强基固本　守正创新

——对融合出版下音乐图书编辑转型的几点认识

人民音乐出版社　张　斌

新时代、新气象、新作为，出版作为保存、弘扬和传承人类文明和各民族文化的核心要素，是文化大国迈向文化强国，增强文化自信的重要力量。站在新的历史方位，中国出版集团顺应新的时代发展要求，集团领导高瞻远瞩地提出打造主流出版型、融合发展型、国际传播型“三型集团”战略，为出版社的发展提供了重要的理论支持和实践场域。面对新的历史机遇和新技术的挑战，打造“三型集团”战略也为人民音乐出版社的音乐出版事业进一步指明了战略方向。近年来，人音社在融合发展之路上取得了一些新的进展，人音教育品牌的成功开展，凸显了“出版+教育”的深度融合；“人民音乐——我的音乐学习圈”网站的上线运营，标志着我社数字出版部门打造图书、音像资源数字化平台迈向了新阶段；在“互联网+”新业态驱使下，我社图书、期刊、发行和事业发展等多部门打破壁垒、深度协作，积极开展电商网店、微店、微信公众号等多媒体平台的经营和维护，为交互融合的新媒体营销开辟了新天地。

打造“三型集团”，离不开每一位员工的思想解放和创新探索，作为入职不久的一名音乐理论类图书编辑，我深刻感受到了周围阅读方式和环境的变化，从电子书、移动阅读到知识付费、各类“听书”APP……在这些纷繁复杂的信息轰炸和花样翻新的业态之下，编辑如何做书这件事，我有时会感到无所适从。但迷惘困惑却不应停下继续思考和探索的脚步，集团领导在集团第三届编辑大会上指出，编辑应当“心中有方、心中有数、心中有梦”，再结合“三型集团”战略，为我们编辑指明了前进的方向，坚定了我们坚持“做好书”的定力。就“心中有梦”而言，作为一名音乐学术图书编辑，我觉得应当在心中树立一个音乐出版人的理想愿景，那就是让音乐主流出版引领主流音乐学术，在音乐学术共同体中，彰显音乐出版的行业价值，从而助力“三型集团”建设。在梦想的感召下，面对融合出版的新情势，音乐编辑应当如何努力、有何作为才能不负新时代？

一、心怀使命，强基固本，做强主流音乐出版

作为音乐出版领域的“国家队”，我们这些一线“国

家队员”更应该树立起牢记使命、立足主业、增强定力、珍惜平台的自觉意识。心怀使命，不断鞭策自己，继续深耕音乐精品，立志在做强、做大我社主流音乐出版品牌之路上持续贡献自己的力量。从历史和现状看，人音社有历史积淀和实力成为音乐主流出版品牌，下一步是继续巩固和深化音乐学术主流出版实力，开拓新的出版模式。在“主流出版”这一方面，我们理论编辑部主要是理清自身业务定位，向学术引领与大众普及迈进。在学术引领方面，编辑部近年来规划了像“中国百年音乐作品典藏”、《中国音乐词典》（增订版）、《牛津音乐词典》（第六版）、“中国音乐学院博士文库丛书”、“中国音乐学文库”、“音乐创新研究文丛”、“中国音乐考古学丛书”等能够引领学科发展的精品学术著作。同时，在严肃学术领域的大众普及方面，我们理论编辑部所打造的“新乐府”品牌，其目标就是不断思考、探索打破学术理论和通俗可读边界的尝试。对“新乐府”品牌之下《古乐之美》一书的策划和营销，就获得了比较好的社会反响，该书入选“2017 中国好书榜”，并获第十二届“文津图书奖”。以此为激励，我们未来还将继续根据市场和读者所需，深挖精品和普及这两类选题，并进一步思考如何针对这些选题进行数字化产品的开发，以实际行动体现我们对多形态音乐学术产品经济效益与社会效益“双效”统一问题的深度思考。

另外，我们在打造音乐主流出版的实践中，对作者资源的开拓、管理和维护，以及用好数据化的思维来进行选题策划应当是一项始终坚持的重要工作。对作者和选题的融合、挖掘、分层管理都是以正确的政治导向为根本，这是做强主流音乐学术出版的基础。

二、转变思维，守正求新，在融合发展中寻找创新突破口

集团领导指出“出版人要向数据提供商、服务商和创意商转变”，以及“内容即数据”等著名论断，为音乐图书编辑在内容消费数字化时代转变思维方式提供了很好的启示。我们编辑面对数据时代，必须学会转变思想、转变身份；在面对新技术手段时，音乐图书编辑也需要树立做数字知识产品的自觉意识，即根据业务需要，充分利用多媒体和互联网手段，积极参与到开发纸书的不同数字化形态的业务中去，对内容资源进行深度加工，有意识地进行编辑标引、精准拆分和知识挖掘，从而完成编辑自身的融合转型。就我所在的理论编辑部的具体工作中，我们也尝试进行了某些业务的融合，开展了跨部门的业务合作方式，即在编辑部、新媒体部门、数字出版部门、版权部门之间进行业务融合，目标是拓展传统纸书的价值外延，开发音乐学术的知识服务、知识付费产品，打造集选题、营销、运营为一体的新的音乐出版盈利模式。

例如我所在的理论编辑部在策划《德彪西论音乐》这

一学术图书选题时，是将总目标设定为打造“德彪西数字学术产品”项目而逐步规划的。前期，我们抓住法国作曲家德彪西辞世 100 周年的时间节点，在借助兄弟单位——中版数媒公司技术优势的基础上，联合策划了“译者—学者—编辑”对谈活动，通过制作相关视频节目，利用新媒体手段加大传播和扩大影响力。中期，还将进一步整合社内已有的德彪西乐谱、音视频、理论图书资源，开发德彪西多媒体资源库，形成数字资源集群。同时，我们还计划邀请国内音乐专家，录制“德彪西音乐专题”微课，利用知识付费平台，开拓移动互联网知识服务的新模式，最终为满足客户不同需求的“德彪西数字产品”打下基础。

在知识服务方面，我们也进行了开发知识数据库的探索。基于《马可选集》从书而打造的“马可数据库”于近期成功上线，为我们迈向“数据化”融合发展打下坚实的基础。日前，我社编辑部正策划与数字出版中心联合打造第二款产品，即“中国近现代音乐文献资料数据库”项目，这是从我社出版的图书《中国近代音乐史料汇编》出发而进行的内容数字化的尝试。该数据库产品在电子书产品的基础上，将进一步整合我社已有的文字、作品、图片、音频、视频等相关资源，为学者、院校师生、音乐爱好者提供检索、查阅、学习、研究等相关的知识服务包，在科研和教学等场景中得到应用。这些不同于以往文字编辑或纸书编辑只是埋头做书的新尝试，一方面可以为音乐出版的融合发展助力，另一方面，我们在尝试中也认识到自己在发展潜力以及能力上的不足，在传统纸书编辑向复合型编辑转型之中还有很大的提升空间。

因此，当传统出版和新兴出版融合发展已经成为大势所趋之时，无论是传统出版社还是作为产业核心竞争力的编辑人员，都需要有所思考，有所转变。作为音乐图书编辑，应当认清形势，在守住主业的同时，应进一步发挥创新意识，以积极寻求变革的心态拥抱互联网、大数据思维，主动学习来不断完善自己的知识结构，学会使用新技术不断为自己“赋能”，在出版融合发展和传统编辑转型过程中有所突破。

不忘初心　砥砺前行

——让古老的“文房四宝”在新时代谱写新篇章

荣宝斋　高智娟

2018 年 4 月 18 日到 21 日，我有幸参加了荣宝斋党委组织的“不忘初心　砥砺前行”主题学习实践活动，与大家一道赴安徽泾县、绩溪、黄山等地学习考察，置身在宣纸、徽墨严谨而繁密的工艺流程中，触摸到古朴而精湛的传统技艺，深深体验了一把传统文房制作工艺文化遗产带给我的真实震撼。

这次深入徽州墨厂、纸厂的实地学习与考察，形象生动地给我们上了一堂课，让我们对无数先贤前辈们一代代精心琢磨生产实践中形成的独特品质有了更直观、更具体的认识与了解，获益匪浅，感触良多。

古人说：“观乎天文，以察时变；观乎人文，以化成天下。”文化的力量贯穿人类社会历史演进的始终，是一个国家和民族进步之魂。习近平总书记在党的十九大报告中深刻指出，“文化兴国运兴，文化强民族强。没有高度的文化自信，没有文化的繁荣兴盛，就没有中华民族伟大复兴。中国特色社会主义文化，源自于中华民族五千多年文明历史所孕育的中华优秀传统文化”。

“文变染乎世情，兴废系乎时序。”在进入新时代的今天，百年老字号也面临着时代新发展。如何向主流出版型、融合发展型、国际传播型“三型集团”公司迈进？如何更好地让古老的笔墨纸砚、卷轴画册、印章镇纸、信笺册页这些貌似“过了时”的文房之宝重新在新时代焕发新光彩，谱写新篇章，是我们每一位“荣宝人”所要面对的课题，也是我们肩负的历史责任。

习近平新时代中国特色社会主义思想为我们今后的发展指明了方向，党的十九大报告中指出，“发展中国特色社会主义文化，就是以马克思主义为指导，坚守中华文化立场，立足当代中国现实，结合当今时代条件，发展面向现代化、面向世界、面向未来的，民族的科学的大众的社会主义文化，推动社会主义精神文明和物质文明协调发展。要坚持为人民服务、为社会主义服务，坚持创造性转化、创新性发展，不断铸就中华文化新辉煌”。

通过组织参观、自我学习和工作实践，面对公司今后的发展，我有以下三点思考：

一、旧时王谢堂前燕，飞入寻常百姓家

过去是“酒香不怕巷子深”，如今是“酒香也怕巷子深”。老文人一代代凋零，培育新文人，传承老文化，是我们不可推卸的应尽义务与历史责任。要针对年轻一代文化人，唤醒他们、引领他们、培养他们对中国传统文房用具文化的了解、喜爱与追捧。培养我斋新一代的广大消费群体，由低至高，随着文房文化对他们的逐渐渗透，年轻消费群体经济收入的逐渐提高，进而把他们培育发展成高端文房的消费群体，以满足人民过上美好生活的新期待。

二、随“云”（云计算）潜入夜，润物“据”（大数据）有声

在数字化、云计算、“互联网+”、移动通讯终端等人民群众喜闻乐见的新媒介畅行天下的现实面前，如何在新时代做好我斋各种“宝贝”的推广宣传，也是我们所要面临的课题。我建议：一是在传统宣传手段的基础上，加强利用这些新媒介对荣宝斋蕴藏的各种“宝贝”施以宣传推广，要有颠覆传统营销方式的勇气与魄力。让我们的文房四宝、笔墨纸砚在新时代通过新移动终端工具的宣传优势，借力发力，向未来的潜在消费群体进行渗透性传播。二是要充分利用微信公众号，建立多层次、有针对性的客户服务微信群，在大数据时代，要对我们的消费群体实施

精准服务，针对中老年高端消费群体、中青年在线消费群体、少年儿童潜在消费群体实施分层管理与服务。针对中青年在线消费群体，我们应该提升旗舰网店设计与管理，让网店通过新技术运用真正“活”起来，“萌”起来，既高大上又不失亲切感，以满足这类消费群体的需要。三是要创建“活动服务型”店商新理念，当今社会家长都很重视对孩子在传统文化方面的教育投入与培养，青少年潜在消费群体不容小觑，从娃娃抓起，通过举办各种文宝知识普及型讲座和亲子型活动，把普通年轻家庭的消费群体请进来，使家长和孩子一起受到教育，让他们走进荣宝斋，认识荣宝斋，爱上荣宝斋，在他们心中树立起“荣宝斋”这一传统优秀文化品牌形象，这样才能使我们的销售服务水平再上一个新台阶，再次让我们殿堂里这些“活着的历史”继续熏陶一代代人。

三、潮平两岸阔，风正一帆悬

我们要在习近平新时代中国特色社会主义思想和党的十九大精神指引下，坚持党的领导，加强党员自身修养建设。集团公司的发展离不开党的坚强领导和全体党员不忘初心、砥砺前行的实干精神。作为一名党员，要在工作岗位上坚定自己的理想信念，坚定对中华优秀传统文化继承发扬的自信心。习近平总书记强调，“中华文化源远流长，积淀着中华民族最深层的精神追求，代表着中华民族独特的精神标识，为中华民族生生不息、发展壮大提供了丰厚滋养”。不忘本来才能开辟未来，善于继承才能更好创新。让我们一起努力，在弘扬中国传统文化的大潮中，勇做弄潮儿。

我们的文化生生不息，我们的事业欣欣向荣！

“蛛丝马迹”的效应

——探索人美教材“数据化”模式，践行集团“融合发展”思路

中国美术出版总社　贾小川

“蛛丝马迹”一词由来已久，在《现代汉语词典》中的解释为，比喻与事情根源有联系的不明显的线索。警察可以通过蛛丝马迹判断一个人的行踪和去向；我们可以根据一个人一生的所有蛛丝马迹将其盖棺定论。可以说，蛛丝马迹的集合就是大数据，根据这个集合得出的判断就是大数据的效应。

今天，无论是银行、电信、铁路还是军事、政治、商业，基于大数据的判断和决策已经成为各个行业运行的基础。以医疗平台为例，医院能够将世界各地的胃癌病人病例样本收集上传、将人类与胃癌斗争的历史收集上传、将每一个胃癌病人的最佳诊断方案收集上传，然后针对当前的某一个特定的病人匹配出最佳的诊疗方案。整个过程在系统地收集、整理大数据并获得客观证据作为医疗决策的

基础，医生根据最新的指南对疾病进行诊疗，从而避免了仅凭借个人经验开出药方所造成的偏差和失误。

大数据在生活中的应用比比皆是，汽车生产商通过安插在驾驶座上的芯片收集司机的坐姿、体重和驾驶偏好等数据，以此设定汽车的安防系统。

但是我们的教育似乎没有医疗这样合理化，我们的课堂仍然遵循着古老的教育范式，教师依靠个人经验对学生的学习行为做出判断，并制定教学计划。那么大数据是不是也能在未来的教育中发挥作用，避免教师个人判断的失误和偏差呢？或者能有更多我们想象不到的作用呢？

人民美术出版社的一个重要业务板块是编制和出版从幼儿到大学的全学段美术教科书，所以我在大数据与教科书的契合方面做了一些思考，以求方家指正。

首先，传统课堂上使用的教科书缺乏个性化的服务。教科书是教育的一个缩影，是教育思想的折射体。毕苑在《建造常识：教科书与近代中国文化转型》中系统而科学地论述了我国教育思想及体制的转变。其间引用梁启超一言："然则常识竟无标准乎？曰：有之。凡近欧美、日本诸国中流以上之社会所尽人同具之知识，此即现今世界公共之常识也。"从而得出观点，基础教育的任务在于构建国民的"常识"。今天，我们的这个"常识"当然也包括课程标准中的"三维目标"。博雅时代，教育面对的是上层社会。随着时代的进步，教育在面向大众方面下了很大的功夫。但在国民素质显著提高的同时，教育也付出了一定的代价。因为，我们一直在考虑着一个“中等生”的角色，这个角色比神童差，比差生强，于是处在这个角色两侧的人都会很尴尬，能力强的学生感到厌倦，能力弱的学生感到吃力。这样就产生了一个矛盾——国家意志下的常识教育和不同水平学生的个性化需求之间的矛盾。那么这个矛盾可不可以调和呢？

其次，教材无法得到反馈信息。面对纸质教材上面的一段文字，如果一个学生反复地读，到底是因为其文词优美还是晦涩难懂，我们是不得而知的；如果学生放弃了某段文字，是在什么位置放弃的，为什么放弃，等等，这些都是教材的编者最想得到却又得不到的信息。此外，教科书的出版者能够做到教材的内容与课程标准匹配，从而通过教育部门的审查，但是却缺少了解教材是否对学生有效的实证方法。比如某一课学生喜欢或者是不喜欢、二者各占多大比例等。如果能收集到这些反馈信息，教科书将会得到更有效的完善。

传统教学中，诸如此类的问题不仅仅存在于教科书，课堂教学也存在更多问题有待改进，而且这种改进从来都没有停止过。

近年来兴起的在线课程为教育带来了生机和活力。MOOCs（Massive Open Online Courses，大规模开放在线课程，通常称为“慕课”），一直是过去几年教育界热议并付诸实践的话题，MOOCs 使教育大众化成为了可能，是利用现代信息技术推进教育的一大飞跃；与 MOOCs 相对应的 SPOCs（Small Private Online Courses，小规模限制性在线课程），以低廉的成本和名师课程，向世界各地学习者提供了高质量的教学；翻转课堂，改进了课堂教学效率，使教和学得到了改观，学生的自主性和探究性学习得到了强化，并优化了教师教学效果；一些教育技术公司不断地改进教育产品，能够推出类似的在线教育新产品，并做到线上线下结合，如此等等。其实从本质上讲这些事物还是在传统的教育的范围之内，还是在担当着一个"分身有术"的讲台上教师的角色。它们与传统教育的差别仅在于获取信息的方式和难易程度上。所以在线课程也只能是正式教育环境的补充而不是替代。

但是这些课程中最强有力的一点是，他们可以产生学生学习过程中留下的蛛丝马迹——"大数据"。随之产生的数据分析结果可以帮助学生选择正确的学习路径，比如学习哪些课程，什么时间学，怎么学。当一个学生能以适合自己的步调和顺序进行学习时，即使是学习能力较差的学生也可能有所进步。

所以，一本全面利用信息技术的"数据化"教材或许正是大数据的用武之地。为了解决上述问题，人民美术出版社做出了大量的探索与实践，为教材的"数据化"搭建了最理想的生长环境，并获得了阶段性的成果。

目前人美社正在设计和实施“中国美术大数据运营平台”。平台健全以师资、课程、教学软件为代表的软件设施，配置信息采集、发布、互动等硬件设备，实现利用信息化的教学手段服务于美术教学这一目的。目前人美社正在建设中的遍布全国的“人美美育学堂”已经在这一成果之上，发展成为一个集研究、实践、分享、交流为一体的专业美术教育机构。

2015 年至今，人美社研发的《义务教育教科书：美术》数字教材也已进入实验阶段，这是一套较为完善的数字化美术教材，并有成熟的理论和技术基础。学生可以在教材中标注文字，对文本进行复制、粘贴、剪切等编辑操作，在必要的知识点旁，还出现了链接网址；其次，软件内嵌入了丰富的教学资源，如图片、教学视频、课件等。北京市教育科学研究院的乐进军先生将包括美术在内的全科目数字教材概括为三个类型：电子转换型、富媒体型、交互型。顾名思义，三个类型逐步体现出基于多媒体和互联网时代的教学特点，能够促进学生与教材的互动，优化教学效果。

基于人美社“中国美术大数据运营平台”美术教材的优势不仅如此，它还能弥补我们前面讲过的传统教材的个性化和反馈方面的缺陷。

“数据化”的美术教材可以收集和分析数据。这些数据可以实现学生对教材做出的反馈：有多少人学习了完整的一课，多少人放弃，放弃在哪里，每个学生做对了多少道习题，等等。学生与教材发生的每一次交互都会被记录下来，我们根据这些数据不但可以优化和改进教材内容，而且可以通过数据的分析形成最佳的学习方案，针对每一个学生推送适合他的学习内容，信息的流动是双向的，由教材到学生，再由学生到教材。这样，一本教材即可以做到统一化的“常识”教学，又可做到因材施教的个性化教学。

我们还可以将“数据化”教材设想为一个方便教和学的服务平台。数据分析本身就是反馈的结果，教师可以根据数据了解学生对教材的掌握程度，并将这种成果用于改进教学。所以在这个“数据化”教材的服务平台上，教师可以为适应学生的需求而调整难易程度和课程顺序，可以方便地在线获取教学资源，在教材当中的某一段旁边随意增加图文、音视频、课件等材料，从而帮助学生实现最好的学习效果，教材本身也会不断完善。

除此之外，“数据化”教材还可以根据数据分析为学生未来的专业发展方向做出预测。在学习过程中，学生的各种表现会留下丰富的数据，比如某个学生长于文科还是理科、长于主观题还是客观题、长于应付什么样的题目、什么样的题目易出错等等，都会留下精确的数据，基于这些数据的精确的概率预测会比一个人凭经验对这位学生的预测更有说服力。可能我们的思维总是习惯于问为什么，但在这个大数据的时代，我们面对更多的是“是什么”，而不是“为什么”。

综上，一本能够捕捉到学生学习过程中蛛丝马迹的“数据化”教材或许可以在个性化的服务、及时的反馈、精准的概率预测等方面做到与大数据的契合。

探索人美教材“数据化”模式，践行集团“融合发展”思路，人民美术出版社会为中国出版集团构建“三型集团”的奋斗目标不懈努力。

打造智能物流　服务主流出版

新华联合发行有限公司　赵清清

2012 年春天，新华联合物流中心的奠基典礼在顺义举行，从此，中国出版集团图书物流整合的大业正式拉开了序幕。

立足高起点，谋求高效益，努力建设成国内出版业功能第一、效益第一、规模第一、形象第一的现代化大型出版物流中心，是新华联合尚在孕育时便被集团领导寄予的厚望。WMS、TMS 等高端智能化系统，托盘立体仓库、货到人拣选设备、高速分拣机等现代化物流设备，使新华联合人在尘土飞扬、钢筋密布的建筑工地上便坚信：能与全球电商翘楚亚马逊和京东无人仓比肩的，便是承载着集团打造现代化大型出版物流中心殷切期望的未来新星——新华联合。然而，在新员工、新工艺、新设备、新模式的环境下，运营初期库内几乎全线告急：系统频繁掉线、箱式立库无法正常运转、订单积压、货物滞留……出版社叫苦连天，频繁的投诉像一把把利刃刺痛我们的神经。

巨大的挫败感让我们意识到，要想不辱使命，不仅要有争做第一的情怀，更要有脚踏实地的实干。为此，我们从 2016 年底开始着手对各方面进行了持续地调整和优化。

第一，以客户为中心，做好个性化服务。针对不同规模和需求的客户，我们提供不同类型的服务；实现了货物状态节点信息可视化；通过招标选择了多条优质专线运输，提高部分线路的配送时效。第二，引用现代化物流管理理念，打造智能仓储。仓储和运输管理系统不断升级，适应现场；现场操作流程不断优化，提高效率；通过数据统计分析，优化生产计划；根据货品属性调整货品分布，提高储位周转率；创造性地设置直发区、越库区、加工越库区，确保新书和套书可以快速发货。

上述一套组合拳使物流中心终于能够稳健出航。货物日均出港量从 2016 年底的 2000—4000 件攀升到了 7000—10000 件，并实现了公司领导提出的“万件不加班”的小目标。但随着出版社发行量的快速提升，持续增产增效又成了一时没有答案的难题。在反复研判后，公司决定“借船出海”，聘请专业咨询机构为广大干部职工导入“精益管理和现场改善”理念与方法。

1. 先后组织两次大规模的精益管理培训，建立现代化生产管理模式，梳理基层管理者的管理流程和任务，学习系统的方法论。向中基层管理人员植入了PDCA/SDCA循环管理、现场5S管理、现场目视化管理、DMAIC分析方法论等概念，重点解决了业务反映较多、产能效率较低、服务质量不高等现阶段的突出问题。

2. 新华联合领导亲自带领团队建立“改善”的文化，调动全员参与其中。鼓励一线作业员工积极自主改善，在“青铜到王者”项目中收集提案30余份，包括现场操作、环境、安全、质量等方面；带动中高层员工参与专业改善，搭建项目管理团队，项目涉及流程变更、设备优化、效率提升等多方面。

“精益管理”和“现场改善”的学习为新华联合注入了新的管理思路和活力，又一次实现了增产增效。

我们现在可以自信地告诉大家，新华联合的运营能力已达到行业领先水平，我们有能力满足出版社个性化物流服务的需求。

如今货物日均出港量可达到1.2万—1.5万件，当天货当天拣、当天发，下午3点钟的加急单或市配单也能够当天发走。截至目前，新华联合已经具备了日均收货60万册、日均发货1万件以上、日均接收订单近千单、订单出港时效24小时的综合运营能力。

通过全体新华联合人上下一心的努力，智慧物流已经初具规模。在做好物流服务的同时，新华联合还致力于信息服务，建设了信息服务平台，打通了上游出版端与下游销售端，实现了供应链的数据化贯通。

目前，已对接的21家书店的发货码洋占出版社发货总码洋的60%，并积累了四千多万条数据。这种连通程度和数据累计量，在行业的所有出版社中，仅此一家。其中，已对接的省级新华书店数量覆盖全国省级新华书店半数以上，码洋占比高达81.7%；网店100%全覆盖；重量级馆配商实现全面覆盖！

在完成数据连通、数据集成的基础上，我们又马不停蹄地探索集团化的数据应用服务。顺应集团全面推进库存管控的举措，我们利用物流中心自有物流数据，对已迁入社进行了四维指标的库存分析。通过自主研发，我们信息服务平台可以实时、自动生成各迁入社的四维库存指标，为集团和各社了解自身的库存现状提供了有效的工具。这份“体检表”以数据“说话”，“病症”一目了然。一方面，出版社可以随时总览概况，包括库存总码洋和发货总码洋环比、同比变化，库龄结构合理性，库存周转率等；另一方面，出版社还可以具体监控到每个品种，根据品种的历史发货量和库存把品种分类，对于脱销、快脱销的重点品种可以及时发现、及时提印，大大提高了营销的精准度和效率。小规模推出后，得到集团市场营销部高度关注，要求我司根据集团的七维库存管控指标进行重新研制，目前正在数据收集过程中。

如果说，七维测评是出版社库存管控的“体检表”，那么“减肥消肿”集团还要在正常的经营活动中想办法。集团科数部对我们信息建设成果进行全面系统考察后，决定委托我司开发“中国出版集团大数据分析平台”。我们把这个系统命名为“中国出版集团出版经营决策辅助系统”，包含重印书提印数量参考、各种维度的销售分析、基于上市披露的财务报表自动生成和库存管控四个方面，旨在真正地为集团和各出版社的经营提供有针对性的数据支持和决策辅助参考。

在智慧物流的今天，物流已不仅仅是单纯的物的位移，它对于信息流、资金流、新零售体制下的商流都有重要的辅助和支持的作用。持续分析、深度挖掘业务数据，服务主流出版，新华联合后续可做的工作还有很多。踏平坎坷成大道，新华联合时刻准备着，为打造主流出版型集团发挥更大的作用！

拓展阅读群体　提升文化自信

人民文学出版社　张梦瑶

主流出版对于从事出版业的编辑来说，是一个方向、一种坚守，也是一种使命。彰显主流价值，弘扬时代精神，主流出版要求编辑用自己的认知与选择来编辑出版图书，以文化输出的方式维护、推进主流精神与主流文化进入大众视野；而从大众接受视角来说，能成为时代潮流的东西，一方面很大程度上源自于大众媒体的传播和推介，另一方面则是出自于大众的认可和大众的口碑。所以，发展主流出版，不仅编辑要把握住时代精神，以习近平新时代中国特色社会主义思想为指引，肩负起贯彻党的十九大精神、满足大众精神需求的出版重任；还要拓展读者群体，让经典的、主流的出版物能为越来越多的读者所接受，使主流文化真正走入民间、走入各个群体。

在一段时间内，读者常常对作为主流出版重要板块的

“主题出版”有所误解，似乎“主题出版”就是“主题先行”。这反映出大众对“主题出版”理解不够充分，对自己的文化不够自信，从另一角度也说明真正经典的作品并未全部全面走入大众，出版和阅读存在着不平衡的问题。面对这一现状，读者分层、精确定位的编辑推广方式显然只能稳住固有阅读群体，在拓展市场方面并不能显示其优势。如何能让出版物进入更多的大众视野，这不仅是“主题出版”面临的挑战，也是“主流出版”需要直面的一个问题。

出版业是一个精耕细作的行业，只要将工作做细、做精，敢于迎面问题不断创新，就能在付出之后收获成果。回顾我社近两年在出版工作上的经验与收获，以下仅就主流出版如何“拓展阅读群体，提升文化自信”阐述一些个人的思考与理解。

一、弘扬传统文化、讲好中国故事，让经典重塑主流

当下社会，“韩流”、网络文化盛行，不仅一大部分青少年沉浸在空泛松散的娱乐文化之中，甚至一大部分成年人也在网络直播、游戏、小视频中消磨了太多时间。当这样的低端文化在社会中蔓延时，中国向大国迈进、向强国发展所需要的民族自豪感、国家荣誉感、文化价值感则在无形中被削减、弱化。作为出版“国家队”中的一员，

人文社坚持在大众、在青少年中培养爱国价值、弘扬传统文化精神，将好作家的好作品，好作品中的中国文化和中国故事推荐给大众读者。借用集团领导一句话：“出版的本质是选择，选择的本质是导向。”在引导主流价值发展上，我社编辑坚持图书的思想深度与艺术品质，侧重本土文化、民间文化与传统文化方向图书在反映中国精神、中国价值以及中国传统思想文化上的优势，重点打造了一系列弘扬“中国故事”、引导阅读市场和读者价值观的经典图书。

人文社2018年获得“鲁迅文学奖”的两部作品《西长城》、《俗世奇人》（足本），就是主流与经典的完美打造。这两本书的编辑脚印在选题策划上很有自己的特色与风格，她早早就看中了这两部书出色扎实的叙事功力和厚重独特的书写内容；同时，这两部书在品质与经典性上超过了同类题材，又在普世价值与主流精神上与大众选择相契合。《西长城》为纪实文学，全面记录新疆生产建设兵团六十年所走过的风雨历程，动情讲述几代兵团人屯田戍边奉献边疆的不平凡事迹。书中有血有肉的中国故事，生动、鲜活又充满人性质朴的关怀，使读者领略了中华民族精神中坚韧、刚强之风。而《俗世奇人》（足本）中，冯骥才先生用地道、精炼的“津味”语言，将天津卫近百年或因灾祸或因时运生出的各种怪异人物刻画出来，不仅把历史上地域特色明显的天津人的性格与精神全面、深入地展示出来，也从民间文化保护的角度把中国人的精神分析与时代历史高度结合起来。这两本书出版后，非常受读者欢迎，每年均有不俗的销量。编辑对独具价值的作品的挖掘与打造，不仅使主流价值观得以传递到读者的阅读中，而且使作品的经典性得以塑造和深化。更值得骄傲的是，《俗世奇人》（足本）的出现，还使“鲁奖”在文体上实现突破，颁出了小小说的第一个“鲁奖”。读者的肯定，评委的肯定，不仅显示了传统文化、弘扬民族精神的民间文化再一次回归大众视野，也使编辑对主流出版的打造得到了认可，以独特的选题角度、预见性的创新举措实现了经济与社会的双重效益。

除此，人文社在增强文化自信，引导大众、青少年自觉培养爱国价值、强国价值的出版道路上，打造出了不同类型的文学精品路线。如以《朗读者》《谢谢了，我的家》等文化传承类节目同名图书为代表的精品书系，在推动“全民阅读”、弘扬中华优秀传统文化、提升人文精神追求等方面有力地推动了主流出版发展。再如，在网络文学日益占领读者市场的今天，人文社坚持品质为王、引导主流价值、传播正确价值观，打造了一系列经典并极具中国特色的奇幻文学，江南的“九州”系列、猫腻的《择天记》等均以高格调、高品质赢得了大量读者与业内人士的肯定。

用经典作品抓住读者、用传统文化推进主流一直都是人文社的出版原则，臧永清同志一直坚信：“‘低俗、庸俗、媚俗’的作品从来都不是文化主流，只有思想精深、艺术精湛，讲品位、讲格调的作品才会最终沉淀下来，成为读者和历史的选择。”讲好中国故事，提升广大中国读者对自己文学文化、民族精粹的理解与认识，将具有中国文化精神、民族历史精神的文本传递到更多读者的手上，才能提升文化自信，也终将使主流出版在爱国、强国价值推广上完成自己的使命。

二、在细节上下足功夫，引导读者主动进入主题阅读

主题出版一直都是主流出版的重中之重。但由于以往读者对主题出版内容“主题先行”的误解，导致一直没有实现这一方向书籍读者群体的突破。因此，主题出版的发展，首先要将好作品送到读者手中，引导读者主动阅读，这样才能突破阅读群体限制，让书所携带的文化和精神更广阔而深入地传播。

主题出版虽然以“大”为特点，顺应国家大政方针，但若将大的问题与思考传递到每个“渺小”的读者心中，显然要把“大”变“小”，去除读者对宏观的重大事件、重大活动、重大题材、重大理论问题的畏惧，让好故事潜移默化地被吸收。拉近读者的阅读距离，消除读者的阅读畏难情绪，提升读者的阅读兴趣，显然要在细节上、在

“小”的方面下功夫。

以主题出版中的纪实作品为例，由于作品的题材和文体限制，它们的读者基本为关注时事、关注历史政治的成年男性群体，如果再加上阅读水平的要求、读者对不同作家的偏爱、纪实作品的发行范围等，那么纪实作品的读者其实是一个小众群体。如何突破既有阅读群体？我社编辑脚印推广王树增的战争系列作品和经典图书《红星照耀中国》的过程颇具示范作用。《红星照耀中国》中文版已经诞生整整 80 年，但只有人文社版本成为爆款，脚印编辑在推广此书时采用了很多小设计。她把《红星照耀中国》与王树增的《长征》同时出版，两本书相互呼应，形成一种对读的奇妙关系：中国人视角与外国记者视角的对读；军旅作家的大历史叙述与西方记者揭秘式的浪漫记述的对读。同是记录重大历史事件，描写革命者的英勇行动和精神历程，却由于不同作家不同方式的文学化处理后，呈现出阅读感受不同却传达出同一种精神面貌的惊人效果，这对读者来说是一种充满快感的阅读体验。此外在封面设计上，美编刘静老师选用了一位亲切可爱的小红军战士吹军号的剪影作为封面主要元素，红白相间的色彩对比让封面更加亲近读者，消除了历史厚重与真实残酷所带来的压迫感，首先在视觉效果上就十分吸引读者。在图书的发行上，由面到线，由线到点，在全国范围内铺货，在重点城市重点推广，在重要书店的重要位置主打性的推广，网点、实体店兼顾。各方人员在细节做足的情况下，成功使这本书进入广大读者视野，通过阅读口碑的不断积累，影响不断扩大，阅读群体也就发生了变化，由特定群体阅读转向了大众阅读。同样实现这样效果的还有我社的畅销书、常销书王树增的战争系列作品《长征》《抗日战争》《解放战争》《1901》《1911》等。这几本书的编辑脚印曾经说过，编辑“必须对选题有特别清晰的把握，对未知的结果有准确的判断”，除了内容为王的编辑本质外，一定“要把每种图书都当作精品来做”，在“做稳”中追求“做好”，在“做好”后追求“做大”。

《长征》《红星照耀中国》等纪实作品，因为整个出版、推广流程的细化，使更多读者接触到了这些经典的纪实作品，书中宣扬的中华民族精神、革命传统精神得以更大范围地推广，也因此被收进了新编初中语文统编教材八年级上册，亦由此读者群体迅速增加，由单一的成年人群体转变为老少中青皆为读者的更广阔的读者市场，随之而来的是销量的剧增。这是编辑把握好节奏、用心行动的结果，也是编辑“做稳”“做好”“做大”的编辑理念在实践中最有价值的收获。

2018 年，人文社除了维护好既有优秀的主题出版物外，更是结合经验要在“主题出版”领域做大做强。新书《深圳报告：改革开放 40 年前沿记录》是一本聚焦深圳故事，庆祝中华人民共和国建国 70 周年及深圳特区成立 40 周年，艺术再现深圳改革开放和现代化建设壮阔进程中高新科技创新发展历程的报告文学作品。通过对十家企业的全面采访，为社会提供了观察和了解深圳改革开放 40 年历程的窗口，弘扬了拼搏、创新精神和回馈社会的正能量。新书《天开海岳：走近港珠澳大桥》独家记录港珠澳大桥建造始末，聚焦新时代建设英雄的使命担当，通过数位建设者不同角度的倾情讲解，见证了“新世界七大奇迹”之一的港珠澳大桥的诞生过程，更传递了中华民族“天开海岳”的伟大精神力量。

2019 年，为纪念新中国成立 70 周年，我社将在“主题出版”板块推出《解放战争》《热血大别山》等一系列优秀经典的主题出版物，为中国出版集团主流出版讲述中国故事、建立文化自信贡献自己的力量。

三、以多层次、立体化的营销策划手段带动主流阅读

做书像做任何事情一样，只要坚持付出，就会有所收获。《长征》《红星照耀中国》在广受好评之后，编辑并没有停止对书的推广与营销。当得知中学语文增加纪实阅读板块后，为了进一步将好作品推送到中学生的手中，我社迅速推出了以《长征》《红星照耀中国》《飞向太空港》打头的纪实作品系列丛书。策划这套书时，为了不增加学生的经济负担，我社调低定价，并在书中增加阅读参考，帮

助中学生更好地理解作品、消化阅读。到此，纪实作品的推广还没有结束，召开研讨会，邀请优秀的一线教师、教育专家解读经典的一系列活动，更是将经典阅读与语文教育研究落到实处。

同样受益于立体化营销的还有我社推出的“小小说精品系列”丛书。第一辑以冯骥才先生的《俗世奇人》（足本）打头，包括了孙方友《老店铺传奇》、聂鑫森《湘潭故事》、杨小凡《药都人物》、张晓林《夷门书家》、相裕亭《盐河旧事》共六部作品。其中《俗世奇人》（足本）自 2017 年出版以来，累计发行超过 70 万册。这套书的策划，灵感来源于冯骥才先生的《俗世奇人》（足本），恰逢三十多年来一直致力于规范和推动小小说文体发展的《小小说选刊》有一批优秀的作家想要出版文集，于是双方一拍即合，由《小小说选刊》与人民文学出版社脚印工作室联袂打造了“小小说精品系列”丛书。并于小小说正式纳入鲁迅文学奖且首次获奖后，召开了“‘小小说精品系列’新书发布会”，小小说作家集体亮相。“小小说精品系列”的出版，不仅使小小说这一文体进一步走入大众视野，也延续了几千年笔记体小说的文脉，让古典文学在当代绽放新的光彩。近年来，由教育部组织编写的《全日制普通中学语文教学大纲》与各大高校编写的《基础写作教学大纲》，都将小小说阅读列入当代小说欣赏单元，而且还将“试写小小说”也列入大纲。由此展望，“小小说精品系列”未来的读者群体还将持续拓展，而小小说所携带中华民族几千年文化的精髓也将在大众和青少年间广为流传。

经典作品推广的精准定位和系统化推荐，用多层次、立体化的营销策划手段推广阅读，不仅使我社纪实文学作品得到了更多人的关注，扩大了阅读群体，也使中学生扩大了阅读范围，对他们了解中国历史文化，培养建立文化自信有非常大的积极作用，这种一箭多雕的工作，是出版人用自己的“小动作”、细节观察实现的。以优秀的经验为基础，不断根据自己选题特点调整图书推广的方法和节奏，每一本书都将会赢得更多的读者，主流出版也将最终实现与完成回应时代、回应历史的使命与责任。

以经典作品塑造时代精神，以主题出版支撑主流出版，多渠道、多方位拓展阅读群体、提升文化自信，中国出版集团将会不断在方法与路径上实现突破，以主流出版集团的打造推动社会主义文化繁荣兴盛。

融合发展当先锋　敢做时代弄潮儿

——基于新华书店总店“三型集团”建设的思考

新华书店总店　段长青

“三型集团”的青年情怀

挪威著名戏剧家易卜生曾经讲:“青年时种下什么，老年时就收获什么。”当我站在总店的新华书店发祥地浮雕前，会想起1937年新华书店诞生在宝塔山下、延河之滨，传递革命火种，传播文化知识；会想起2017年8月21日，一个代号为601949的“中国出版”在沪交所正式敲钟上市，履行了出版“国家队”“文以载道、商以传道、创新弘道”的文化担当。当想起茅院生同志所讲“努力做事、清白做人”时，再看到总店4年来坚持“盘活存量资产，推进产业转型”的发展成果时，深感使命光荣、责任如山、挑战巨大。今天，我等年轻人，又有什么理由不努力奋斗呢？

习近平总书记寄语青年“青年有理想，国家就有前途”，“青年兴则国家兴，青年强则国家强”。再加一句，青年力则总店强、则集团强。作为新一代新华人，我感到十分骄傲和自豪。青年一代，理当自强，既然我们选择了新华书店总店，就要真心爱岗、全力敬业，要每时每刻把新华书店事业放在第一位，把本职工作放在第一位，把敬业、乐业、勤业放在第一位，把自己的理想、才华、青春、热血和汗水毫不保留地奉献给这庄严的选择，就像花儿爱太阳，鸟儿爱天空，脚步爱着远方！

融合发展的“诗与远方”

“所当乘者势也，不可失者时也。”融合发展为总店产业发展提供了弯道超车的机遇，也是打造出版物发行主力军、主渠道、主平台所必须回答的时代命题，更是文化推广交流的最高境界，也是总店事业的“诗与远方”。

总店在新一届领导班子带领下，确定“盘活存量资产，推进产业转型”的发展目标，“一园区四平台”是80多年来总店拥有丰富的人文历史资源基础上，所形成的宝贵文化财富，是文化大发展大繁荣的最好资源，是总店全面融合发展的最大市场。

中宣部、财政部、原国家新闻出版广电总局、中国出版集团支持的新华书店网上商城实现上线运营，利用“互联网＋资本”，联合全国新华书店集团、出版社、图书馆，积极推动全国12000多家新华书店系统“线上＋线下”融合，全力打造成为国家出版物发行主力军、主阵地、主平台。“全国大中专教材网络采选系统”以“互联网＋教育”融合为宗旨，稳步推进出版社、经销商、院校之间积极合作，已签约300多家高校和57家教材经营商，形成一套以教材信息发布、纸质教材选购、数字资源租赁、教材分析评价为一体的以教材为核心的知识服务在线生态。“e书e码”出版物大数据管理平台以云计算、物联网技术为核心，涵盖智能书柜、智能结算等智能阅读产品，用可变的RFID技术，为每一本图书提供唯一的“身份标签”，实现了图书出版发行全产业链数据的采集与管理。还积极推出“新华云·悦读”系列产品，落地“党建书柜”等自助阅读设备，吸引了行业内外的广泛关注。以《国际出版周报》、国际出版网、国际出版企业高层论坛为核心的国际文化传播平台建设得到国内外出版业的充分肯定，通过“互联网＋传统媒体”融合，打造国际文化传播与合作平台，打通国际文化交流平台的海外营销渠道，为国家“一带一路”战略、中国文化“走出去”和总店国际化战略实施作出了新的贡献。其中，由中国出版协会、中国出版集团和著名国际出版商协会联合主办的国际出版企业高层论坛已经在北京、伦敦等国际书展期间连续举办4届，吸引来自14个国家和地区的出版行业高层人士共话出版国际化的新机遇新路径。重新改造改建的新华文创科技园，紧扣文化、科技、红色主题，建筑别具一格，文化氛围浓厚。通过“孵化＋投资”的运营方式，盘活了总店存量资产，引入了资本、产业、技术和人才，搭建文化创意、金融、科技服务平台，先后引进中共党史美术馆、北京文资办、华联院线等企业入驻园区，为总店转型腾飞发展奠定了基础。

今天的新华书店总店可谓“旧貌换新颜，到处是风景”，也诚挚地邀请兄弟单位的同仁光临总店指导工作！

今天，我们搭乘上“互联网＋”的快车，加快“互联网＋科技＋资本＋文化”资源融合进程，坚持以先进技术为支撑、以内容建设为根本，推动总店品牌工作在内容、渠道、平台、经营、管理方面走向融合，进一步发展总店品牌的特色化、品质化、效益化，提升总店的吸引力、竞争力和影响力。

“三型集团”的创新思考

加快数字化融合和跨界发展，重构“共享知识经济”模式。融合发展与跨界发展是一场全方位的全局革新，是一次全新的艰苦征程，更是一次凤凰涅磐、浴火重生的良机。一是要积极运用云计算、大数据、区块链等技术，通过技术融合、业务融合、渠道融合推动实现线上线下“书店＋媒体”的集成平台，实现无人购书智能化、碎片阅读智能化、社交视频智能化的国家级出版大数据知识服务开放平台。新华书店总店的“四个平台”项目将建成全民阅读、图书购买、在线知识教育、运营管理、数据分析集一体以“读者为中心”的枢纽型书店，形成多元参与、开放融合、价值重构的“共享知识经济”模式，利用数据库资源来满足人民对美好生活的需要。二是要增强书店内容的多媒体创新表达能力。加强创意策划，推动书店的文创产业发展，总店的维邦公司同钓鱼台国宾馆、商务印书馆、故宫服务中心等形成了“新华 1937”、“新华怡品”、“新华情”和“新华书礼”独一品牌构建；运用书店与新技术、新手段、新平台的嫁接、融合、转化，以优质权威的图书阅读服务形成品牌和公信力，实现“书店 + 媒体”“书店 + 文创”智慧书店云生态系统的多维度融合，构建新的商业模式和盈利模式，引领书店行业创新发展。

积极推动书店文化“走出去”。国家“一带一路”和文化“走出去”大战略是我国深化改革开放、积极应对全球化这一历史潮流的战略选择。2008 年起，中国出版集团先后在纽约、伦敦、洛杉矶、悉尼、温哥华、新加坡等国际大城市开办了中文书店。新华书店总店在国际化方面，科学决策，成立了新华万维国际文化传媒公司，同新华书店（澳大利亚）集团达成战略性合作，将在中国文化“走出去”、国际版权贸易、文化教育交流、《国际出版周报》海外办事处等方面开展战略性合作。与国际出版商协会、中国出版集团等单位联合主办的四届“国际出版企业高层论坛”，共商中国与“一带一路”沿线国家的出版合作模式创新。下一步，在国际化战略上，总店可以利用社会融资的手段积极联合有实力的央企、金融企业等在沿线国家并购或设立一些海外新华书店，以书为媒，实现国际新华书店业务的量身定做，并定制推送书店产品，传播中国文化，讲好中国故事，占领国际市场，提升中国文化软实力话语权，扩大中国出版发行的朋友圈，向世界亮出中国图书名片。

解放思想，推行“中央厨房”工作机制。思想解放的程度，决定了融合发展的力度；思想认识的高度，决定了融合发展的深度。我们坚持以创新增信心，用成效聚人心，调整发展结构，重构战略流程，依托总店的一揽子工程可以试行一种“中央厨房”的文化工作机制，出去一把抓，回来再分家，总店各部门各公司联动，前方后方呼应，借新流程倒逼新机制，靠新技术催生新产品，强力推进人力资源聚合、生产流程融合、经营力量整合、网上网下结合、国际传媒交合，初步实现总店各品牌活动信息一次采集，产品多次生成，渠道多元传播，并加速实现“一园区四平台”之间的高效对接，从“你是你、我是我”变成“你中有我、我中有你”，进而变成“你就是我、我就是你”，着力打造新型融合矩阵平台。

“克勤于邦，止于至善。”在总店这个大熔炉里锻炼成长，明白人生真谛。每一位新华人在平凡的工作中默默无闻的付出与努力，弘扬着现代新华书店的责任和担当，团结一心，努力干事，使我和广大新华人一道，围绕建设“三型集团”，构筑实现人生价值的广阔空间。让我们一起振翅飞翔、搏击长空！我们新华书店的事业也一定能“乘风破浪终有时，直挂云帆济沧海”！永不止步，争做新时代的弄潮儿！

融入新时代　把握新机遇
推动书局深度融合发展

中华书局　潘　雪

作为一名人力资源工作者，在日常工作中会面临这样一种情况：在招聘环节，广大求职者相对于传统行业更倾向于高科技信息产业，即便都是媒体行业，新媒体和数字媒体相对于传统出版社也显示出了更强的吸引力。那么面对这种情况我们应该怎么做呢？我想给出的答案就是“融合发展”。

融合发展是出版转型的必然方向，是产业发展的时代潮流。党的十九大报告对中国特色社会主义文化建设给予了高度重视，尤其是将中华优秀文化的创造性转化、创新性发展作为一项重点工作加以强调。书局作为国内传统文化出版重镇对此责无旁贷。推动书局的转型升级、融合发展，既是进一步将书局打造成古籍数字出版高地的客观需要，也是大力推动书局由传统文献服务向知识服务转型，抢占古籍数字出版产业发展先机的重要途径。

要实现这个目标，我们可以从以下几个方面来开展工作：

一、以内容为核心，打造产品的核心竞争力

“传统文化的当代阐释”和“中国道路的学术表达”是中国文化能够在世界产生深远影响的两大话题，书局在这两方面都拥有着极为丰富的内容资源。以“中华经典古籍库”为例，该数据库作为目前古联公司重点运营的古籍数字类产品，其资源以中华书局整理本古籍图书为核心，同时涵盖多家专业出版社的古籍整理成果，截至 2018 年，共收录 1092 种古籍整理本，总计约 10 亿字，未来资源量还将持续增加，该产品已成为专业领域内权威的古籍数据库之一。对古籍资源的有效利用、合理转化是实现融合发展的基础。我们要坚持为大众提供有思想、有温度、有品质的数字内容精品，实现从数量到质量的跨越。

二、从用户需求出发，提升技术应用创新

什么是大数据，研究机构给出了如下定义：是使用新处理模式，使其具有更强决策力、洞察力、流程优化能力的海量多样化信息资产。书局目前致力打造的“中华古籍出版与知识服务平台”就是在实现中华优秀文化历史大数据中心的建设。2018 年 4 月，书局打造的国内首个古籍

知识服务平台“籍合网”正式上线运营。它提供古籍文献阅读、知识检索、个性化产品定制、学术咨询和社交等一体化知识服务，迈出了知识服务平台搭建的第一步。2018年5月，书局打造的“古籍在线整理工作平台”上线，正式实现了面向学术界、出版界的古籍整理出版线上线下联合运行。该平台通过任务申领、众包等形式实现古籍协同整理工作。平台第一个项目《中华大藏经》发布不到一周，就有数千人响应，充分激活了古籍整理出版活动。2018年6月，书局打造的我国第一个面向传统出版编辑的“古籍引文校对系统”已完成验收。它基于古籍自然语言处理、机器学习等先进技术，编辑只需几分钟，就可完成对整本文稿的标点符号、文字以及引文等错误的校对及修订工作。技术是推动出版业转型升级的革命性力量，我们要以市场需求为着力点，加强对各项技术的研究与深层次应用，实现出版流程的专业化智能化，把转型升级落实到生产经营中去。

三、加强互联网环境下的市场运营能力

互联网时代的特点到底有多鲜明，我想大家回想一下自己是如何度过“双十一”的便能够知道了。互联网环境下用户的消费模式已经产生了翻天覆地的变化，在这种背景下要做好出版，我们要改变的不仅仅是形式，而是思维方式。书局在2018年初与京东合作以网络直播的形式与

读者共同庆祝书局的 106 岁生日；2018 年 4 月，第四届读者开放日活动如期举办，通过直播采访、线上提问与解答多种表现形式，吸引着来自全国各地读者朋友们的目光与关注；2018 年 9 月与京东合作推出传统文化月活动，通过每日一主题的书单推荐形式，拉近了传统文化与人们生活的距离。我们主动去适应互联网传播的移动化、视频化、社交化趋势，综合运用多媒体表现形式生产满足用户多样化、个性化和多终端传播的出版产品，打造品牌知名度与影响力。

四、加大体制机制创新力度

书局 2014 年正式启用 ERP 系统，实现了出版流程的线上管控，经过几年时间的摸索与实践，使通过系统实现的对出版流程的调控能力不断加强。2018 年 1 月起书局进行组织结构改革，调整后正式形成了“五加四”的同心多元结构，使产品结构更加科学合理；同时新成立生产经营办公室，监控生产过程中的各项数据性指标，把对编印发全流程的调控工作落实到实处。新时代、新技术、新观念，势必要求有利于其发展的新的体制环境。我们将从书局实际出发，逐步建立顺畅高效、适应市场竞争和融合发展的内部运行机制，为出版转型创造有利条件。

J.K. 罗琳曾说：“被拽进角斗场去面对一场殊死搏斗

和自己昂首走进去，也许有人会说这没有什么不同，可我知道，这是世界上全部的不同。”我们将在集团的带领下，融入新时代，把握新机遇，为中华优秀传统文化的传承发展，为把中华书局打造成“中华优秀传统文化出版传播第一品牌”而不懈努力。

2019年

不负初心　在出版实践中完成使命

——人文社在选题优化创新等方面的实践探索

人民文学出版社　欧阳婧怡

众所周知，出版人的初心和使命就是不断发掘出版优质作品，满足广大读者的精神文化需求。但在实现这一目标的道路上我们面临诸多问题和挑战。当前的出版业，特别是文学出版正处在发展的瓶颈期。数字媒介的勃兴大大挤压着传统出版业的生存空间。根据中国新闻出版研究院发布的《第十六次全国国民阅读调查》显示，手机和互联网成为中国成年国民每天接触媒介的主体，其中，人均每天手机接触时长为 84.87 分钟，互联网接触时长为 65.12 分钟，而读书时间仅为 19.81 分钟，可以想见留给文学阅读的时间就更少了。除了外部环境的冲击，出版行业的内部竞争也日益激烈。许多优秀的民营出版机构迅速崛起，有实力的下游渠道商也将业务向内容资源延伸，他们不但与我们竞争优秀的本土原创选题、优质的引进版选题，对我们既有的选题资源，也时刻虎视眈眈。

面对这样的出版环境，我们该如何坚守出版品质，如何实现新的增长，这几年人文社一直在积极探索，寻找路径。

一、在思想上，要始终坚持导向意识，弘扬时代精神；在内容上，要坚守价值品质，打造精品读物

作为文化的把关人，我们首先要站稳立场，在政治、审美等原则问题上绝不能出错，并应该起到积极的引领作用。人文社从王树增的战争系列作品、红色经典读物《红星照耀中国》，到《天开海岳：走近港珠澳大桥》，再到2019年策划的“新中国70年70部长篇小说典藏书系”等，一直以来，出版了许多传承中国革命文化和社会主义先进文化、反映新时代主旋律的优秀主题作品。这是我们作为国家级出版社义不容辞的责任，也是我们持续发展的根本前提。同时，对人文社而言，质量是我们的生命线。臧永清强调：“只有思想精深、艺术精湛，讲品位、讲格调的作品才会最终沉淀下来，成为读者和历史的选择。”而出版物的品质和编校人员的职业素养与专业水平是密不可分的。编辑的精准判断可以从稿件源头筛选掉平庸选题，从而提高生产效率，避免资源浪费。编辑的审稿加工能力可以直接提高作品质量。人文社有一个传统，所有新入职的年轻编辑必须在校对部门实习3—6个月，期间不

断磨练其责任意识、业务技能，通过考核才能正式走上编辑岗位。当然这只是开始，编辑的学习是持续的，要不断修炼内功，自觉增强“脚力、眼力、脑力、笔力”，才能为读者提供更高品质的精神文化产品。

二、立足现实主义原创精品，吸纳顶级类型文学，不断拓展完善图书选题结构

关注社会现实，讲好中国故事，发掘反映人文精神和时代风貌的现实主义文学力作，一直都是人文社的出版重点。我社出版的纯文学原创精品，可以说在一定程度上代表了中国当代文学的高度。2019 年，入围茅盾文学奖前十名的作品中，有四部来自人文社，包括徐怀中的《牵风记》、李洱的《应物兄》、叶兆言的《刻骨铭心》和葛亮的《北鸢》，最终前两部获得第十届茅盾文学奖。未来我们将继续巩固和提升在这一领域的优势地位。同时，我们也清楚地认识到，在今天的出版环境下，纯文学的读者市场是有限的，要想持续增长，我们必须拓宽出版边界。根据之前提到的调查显示，我国国民的阅读行为已呈现出明显的娱乐化倾向。因此近几年我们出版了一些在口碑和经济效益方面都有不俗表现的顶级类型文学产品，如江南的《九州缥缈录》、猫腻的《择天记》等，其中《九州缥缈录》的销量已超过百万。同时，在科幻文学和散杂文非虚构领域也推出了不少精品，如“鲁奖”作者王十月的长篇科幻

作品《如果末日无期》、冯骥才先生的散文精选集《世间生活》等。另外，我们以文学为基础，也将产品线向文化类图书延伸，出版了如高洪雷的《楼兰啊，楼兰》、“祝勇故宫系列”等一批既具文化价值又有较高文学性的优质作品。在倡导全民阅读、提升人文精神追求方面，人文社又打造了如《朗读者》《谢谢了，我的家》等文化传承类节目同名图书。可以说在这些领域的拓展，不但丰富了我社的选题结构，也为我们实现了新的增长。

三、加大对优质选题资源的多层次开发，注重图书产品形式创新，以满足读者的不同需求

人文社有很多优质资源是前辈留给我们的财富，但如何让它们发挥出更大的价值，需要我们持续探索。这里有一个出发点，即读者意识。我们不断在思考，自己的产品是否已经满足了不同读者的不同需要。基于此，我社策划了“四大名著”珍藏版、大字版，“哈利·波特”中英文对照版、二十卷本系列，外国文学名著新网格本系列等产品，对人文社既有优质资源做了更全面地开发。同时我们意识到，当下读者购买纸书已不仅仅为了满足一般的阅读需要，有时会追求更高层次的收藏或社交需求，因此我们也在图书形式上做了创新尝试。如我社策划的《狄更斯的圣诞故事》礼盒系列图书，将经典的文本以礼盒的概念重新包装，不仅让读者眼前一亮，也充分满足其在节日的

社交需求。另外，众所周知，我社的外国文学名著名译图书，品质精良，但多以丛书形式出现。2018 年起我们从中选了一些经典常销品种单独推出，做了更新颖、更个性的设计，如新版的《飞鸟集 · 园丁集》等，以抓住新一代年轻读者，使我们的产品从内容到外观都能从同类图书中脱颖而出。这一尝试在渠道方面得到了很好的反馈，很多书店主动为我们的新书码堆，提高了书的上架率。我们相信如果能做好这些单行本，未来将释放出巨大的产能。

四、配合图书选题，开发文创产品，丰富品牌文化，寻找新的利润增长点

近几年，如果说出版行业正处在盘整和瓶颈期的话，那么文创行业可谓蓬勃兴起，给整个文化产业注入了新的活力。故宫博物院前院长单霁翔在一次采访中表示，故宫文创的营业额主管单位不让说，怕别的博物馆压力太大，“我们只能说前年（2017 年）营业额有 15 个亿”。这句话一时成为网络热点，也可见其中的市场潜力。实际上，很多民营出版文化机构已经率先进入这一领域，如单向街、豆瓣等都以其特色品牌产品在市场中占有一席之地。顺应这一趋势，我社于 2019 年成立文创部，基于人文社品牌资源和图书产品大力开发周边文创。自 4 月 23 日上线第一款产品“莎士比亚 · 汤显祖”帆布包以来，共开发 10 多种产品，营业额突破 200 万元。其中基于《老人与海》

一书开发“海明威诞辰120周年纪念礼盒”在一条众筹上线后，一小时就完成了10万元的众筹目标，最终在25天的时间里以73.5万元的成绩收官。这一产品的成功体现了经典文化加创意设计为出版提供的更多可能。我们认为，“文创”，“文”在前，“创”在后，只有基于文化的创造，才能有持久的生命力。人文社开发文创，将不仅仅是给我社带来经济效益的增长，而且对整个品牌的文化价值输出有着积极的影响。

台湾知名出版人陈颖青曾表达，“如果把理想经营成仅供凭吊的‘文人事业’，其实才是对理想最大的辜负”。今天我们谈出版人的“初心和使命”，一方面是要坚定出版理想；更重要的是在工作实践中提升自我、完成使命，从而为出版社、中国出版集团乃至整个行业的高质量发展贡献力量！

优化营销策略　推动高质量发展

——新时代商务印书馆营销实践与探索

商务印书馆　江　彧

根据集团的统一部署，商务印书馆聚焦高质量发展主题，通过“不忘初心、牢记使命”主题教育和“四力”教育实践，结合自身的营销工作实际，持续优化营销策略。对此，我主要从四个方面与大家分享交流。

一、在媒体融合大背景下积极进行营销创新和探索

（一）创新活动营销方式和内容

根据产品线特点，开展分众化营销活动。针对教育系统，联合教育部、央视等，开展了“为中国未来而读——阅读行动研讨会”“放飞梦想的翅膀——《新华字典》公益活动”；针对专家学者等群体，开展各种学术活动。全馆平均每年开展活动 200 余场。

（二）创新媒体营销方式，整合各种媒体资源，进行全媒体营销

多场活动被央视、《人民日报》、《光明日报》、北京台、人民网、新华网等媒体深度、连续报道；形成以官微为“中央厨房”，微博、头条号等第三方平台、抖音号、文化服务号联动的新媒体营销矩阵，产生了全国性的影响力。官方微博年阅读量1.5亿人次；官微粉丝27万人；每年的“人文社科好书评选”被《人民日报》、央视新闻等报道，在全国影响超过1亿人次；强化营与销相结合，《我和我的祖国》9月19日官方微博发布当天即超过20万次阅读量，当天实现销售1500册。截至目前累计阅读量47.8万人次，累计发货超过3万册。

（三）积极开展文化服务模式探索

顺应新时代对营销工作的新要求，根据集团关于开展全民阅读服务的指示精神，开展了形式多样的文化服务工作，推动书香“七进”。建立了商务印书馆全民阅读促进中心；打造了“涵芬书院”，实现向大庆油田图书馆、北京潞河中学等品牌输出；打造了清华大学、华东师范大学、山西大学等阅读体验店，福州滨海新城阅读体验中心等；在全国建立了7家乡村阅读中心；承担了书香中国·北京阅读季“书香机关”、“书香企业”建设，每年实现政府购买服务100余万元。

（四）持续推进营销素材库建设

根据图书分级和使用场景差异，制作营销素材。满足线上各平台的需求，为重点产品制作头图、详情页、海报、易拉宝、短视频等，满足销售平台及官微、抖音等自媒体的需求。接下来，我们将在短视频营销方面重点发力。

二、科学规划渠道架构，改革工具书民营渠道

经调研，我们发现三线以下城市的工具书市场相当一部分被盗版所占据，这是我们需要夺回的阵地，也是工具书的增长点。以“现汉”“牛高”为代表的商务版工具书“类教辅”、“学生刚性需求”的产品特性是此次渠道调整的前提条件。2018 年 10 月，我们启动了工具书民营区域销售代理遴选。通过先期调研、现场答辩、实地考察等全方位评估，于 2019 年初分两批遴选出商务印书馆工具书民营特约经销商共 40 家。

为确保产品和服务能够下沉到目标市场，我们采取了以下举措：

1. 在重点地区召开民营下线会共 36 场次。借助省级代理商下线会议，培训下线书店 2125 家，工具书产品推荐首次下沉到县乃至乡镇。

2. 要求区域经理下沉到二线以下城市走访，获取民营渠道调整后的第一手市场反馈，区域经理全年走访二线以

下城市 100 多个，出差天数由 2018 年的人均 71 天增加到 2019 年的 96 天。

3. 对核心工具书实行线上价格管控。近几年线上零售价格的快速下降极大地扰乱了正常的批发折扣体系，也伤害了地面渠道销售的积极性。我馆自 2014 年起开始实行核心品线上控价，2019 年三次发布限价函，全面构建网上价格监控体系：由一位副主任牵头，旺季期间每天采集数据，区域经理对乱价店铺进行干预，对屡次乱价店铺实施处罚。

4. 维权与业务深度融合，全面助力销售工作。2017 年，我馆将市场维权工作由版权法务部调整至营销中心。伴随 2019 年渠道调整，我们继续从业务上、人员上推进维权工作与业务、渠道的深度融合。2019 年对维权工作采取维权分片，做到地区有责任人、经销商提供线索有响应。以市场巡查和查处学校盗版为工作重点，形成旺季威慑，护航旺季销售。维权专员出差天数由 2018 年的人均 130 天增加到 2019 年的 147 天。

此次渠道调整，工具书民营客户由原来的 70 余家合并为 40 家。通过规范渠道，提高代理商积极性，深耕区域市场，挤压盗版空间，市场覆盖率明显提升。民营渠道工具书发货增长 49%，渠道调整取得阶段性成果。截至目前，工具书板块总体增幅 15%。

三、整合开拓各种渠道，持续创新，聚力社科书营销

（一）适时调整组织结构，多方开拓渠道

2019年初，我们将独立天猫店归入网络销售部，保留特色店，收缩同质化店铺，发掘客户潜力，进行差异化选品与针对性营销。为不同客户定制专属书目。小语种图书上半年发货同比增加近100万元，增幅15%。

2019年还开通了有赞分销、抖音店铺，初步形成以当当、京东、天猫大客户为主的电商自营平台；天猫、当当、京东、微店、抖音为主的出版社线上品牌旗舰店；有赞为主的线上分销渠道；垂直公号、专业大V、政府采购、馆配等专项渠道，并结合抖音、头条等线上宣传渠道的立体化图书营销网络，为社科书营销提供全方位保障。

（二）对产品进行顶层设计，精准匹配营销资源

对于新书，我们建立了全流程的选品与营销制度。新书发印期举办选品会，聚焦潜力品；上市前举行新书学习会，提炼卖点、匹配资源；重点新书上市之初监控销量，反馈信息，提供从供货到营销资源的全方位保障。定价1080元的《徐志摩全集》从选题期即开始编发沟通，编辑、业务亲自到几大渠道摸底，为线上、馆配等客户定制了不同的活动方案，甫一上市，已取得1094套的订单，码洋118万元。

我馆长销品有近8000种，我们以旧书新作为突破点，结合日常精准促销进行营销。上半年为客户翻新定制了6种图书，码洋达700万元，其中已上市7年的《北洋军阀史话》，近几年只有1000册的年发货量，重新整理上市后，两月实销已达2000册。

（三）紧跟行业动态，创新营销方式

近几年我们一直注重新媒体的学习与应用，2019年我们重点关注网络直播与小视频。新书发布会直播观看人数可达2万，有效扩大了活动影响力。5月17日《温儒敏谈读书》发布会累计观看人数超过15万，累计发货超过2万册；10月18日于漪的新书发布会观看人数超过2万；我们还策划了开学季、高考高分、北京生活等各种专题直播，带动了长期动销慢的三四线图书，主推书销量平均翻3—4倍。与新媒体开展合作，在抖音推荐的小众书《中国秘密社会史》单日销量700余册，之前日销不足10册。

四、完善内部制度，调整组织架构，为业务工作保驾护航

（一）对民营渠道实行全方位的风险防控

从2009年起，陆续提供不动产抵押担保、缴纳保证金、第三方担保、银行承兑汇票、个人全部财产担保等多种形式，同时采取旺季期间临时提高额度等方式保证旺

季销售不受影响，基本做到民营后款客户的风险防控全覆盖。

（二）用制度保障社科产品线上营销的全面精准

2013 年即建立起了社科产品的线上工作标准，包括每日新书报订信息上传，每周图书关联店铺上新，每两周全品种比对，每月召开网店例会，持续监控任务完成情况，做到提前预知，心中有数，避免压力都集中在年底。年终考核指标中，任务完成比重仅占 30%，其他部分均为考核社科书的营销过程。通过考核强化社科书的重要性。

（三）供应链专人负责，为编印发一体化提供保障

图书重印是出版社利润的主要来源。我们于 2015 年 7 月设置重印管理专职岗位，又于 2017 年 3 月将重印工作纳入储运部进行统一管理。至此，供应链首尾闭环形成，建立起一套以市场销售数据为基础，以编辑沟通反馈为参考，以印制品种重印速率为抓手，以图书库存动态监控与上下游全面融合的新营销供应链管理系统。

2015 年以后我馆年重印品种 1237 种，较之前增加一倍，年均重印率增长 10%，即使在 2019 年我馆面临搬库、大规模 CTP 转片的情况下，目前的重印品种已达 1184 种，重印率达 57%。

习近平总书记曾指出，自主创新是推动高质量发展的

重要支撑。我馆以习近平新时代中国特色社会主义思想为指导，坚持“科学化、精细化、标准化”，通过优化营销策略，不断创新进取，努力实现高质量发展目标。

我和我的百科

中国大百科全书出版社　陈卓然

百科全书的编纂，从来都是繁复浩大的工程。正如那句大家熟知的歌词“我的祖国和我，像海和浪花一朵”，在百科的汪洋大海里，我也只是汇聚其中的一滴水，我“分担着海的忧愁，分享海的欢乐”。一滴水难以描述大海的汹涌壮阔，请先从这滴水曾流经的路途，来听一听它所了解的这片海的故事。

中国大百科全书出版社认真学习贯彻习近平总书记重要指示精神，努力将新版《中国大百科全书》打造成有中国特色、有国际影响力的权威知识宝库。我自 2016 年毕业入社，就一直负责《中国大百科全书（第三版）》现代医学的学科工作。联系现代医学的工作实践，我在此浅谈几点体会和思考。

一、工作头绪万千？任务分解，各个击破

现代医学作为三版的一个执行学科，实则包含了教育部划分的 7 个学科分类，构建了基础医学、预防医学、临床医学、药学、医学综合 5 个领域，下设 45 个一级分支，条目数量从一、二版累计 2424 条扩充到约 1.5 万条，涉及作者 2000 余人。如此庞大的学科体系，工作总是千头万绪。45 个分支，工作推进难易有别，回稿进度也有差异。既然“齐步走”着实困难，那就各个击破。我梳理了各个分支的工作进度，先集中力量完成配合度高、回稿多的带头分支；重点推进滞后分支；其余处于中间位置的分支，也注意保持联系。整体完成了领头分支的工作后，再集中处理完成度靠后的下一个分支，边“卸货”边“推车”，把有限的精力尽量集中，提高效率。同时也利用好碎片时间，处理审稿以外的琐碎工作，记录并及时更新各分支的工作进度。

放眼整个三版亦是如此，三版网络版专业板块共 103 个执行学科，组织了全国研究机构、高等院校 3 万多名专家学者参与编纂工作。每位编辑除了审稿之外都兼顾着组建编委会、宣讲撰稿体例、结算稿酬等工作，事无巨细。我们曾集中整个部门的力量，优先完成稿件质量好、回稿快的学科的审稿。因为项目庞大，哪怕一个细节问题的变动也会牵一发而动全身，因此尽可能详尽地提前预判问

题，做好顶层设计，汲取进度靠前的学科的成功经验，能指引我们更顺利地推进今后的工作。

二、人手亟待补充？外力支援，质量把控

在人力有限的情况下完成亟待上线的三版任务，是全部门的难题。以一年 250 个工作日、每个工作日一位学科编辑一审完 7 个条目的假设来计算，需要 8 年半的时间才能完成现代医学 1.5 万个条目的一审工作，对此我只能望稿兴叹。所以争取外力补充尤为重要，经过努力，现代医学的一、二审工作有了社外编审力量增援，保证了审稿进度。不过对于整个三版来说，这个问题仍然相当严峻：103 个学科，尚有 20 个学科缺少直接负责的一审编辑；10 位社内二审，加上 14 位社外二审，承担着一年 10 万个条目的审稿压力。人多力量大，团结一切可以团结的审稿力量，是能给三版提速的重要保障。

另一方面，做好保证回稿质量的前期工作，也能为之后顺利完成审稿打好基础。学科分支设置，条目框架设计，交叉重复条目处理，是约稿前的预备工作，好比搭建高楼前夯实地基，效果虽不会立竿见影，却是百科编撰基础之所在。深入作者团队，召集专家作者学习撰稿体例；细致修改样条并及时与作者反馈沟通。强调撰审稿流程，特别是专家审稿的环节，使回稿质量得到保证，降低必须退稿给作者修改的概率，可以省去多次往复修改的时间。

三、固有知识定型？守正出新，多元呈现

行业内的专家是公认的，难免会接受来自不同出版社的相似主题的约稿。以三版现代医学为例，多个分支的作者团队，同时兼顾着相似的撰稿项目，甚至会把其他项目中的撰稿目录用作三版现代医学的条目表。基于常规的知识内容已稳定固化，甚至专业配图都源自一家的情况，如何提高三版现代医学在同类百科中的辨识度呢？首先，体例提纲不同。从读者对象的不同出发，细化对内容的把握。其次，呈现形式不同。三版网络版运用了更多元的呈现手段，根据条目内容，使用了音视频、交互、AR 等技术，使内容更加丰满立体。我们广泛寻找与各个学科分支内容契合的新媒体资源和单位，建立合作。前几日，我接到一位分支主编的来电，她在看到我的审稿反馈后，非常感谢我为条目内容配上了生动的图片，我也希望在读者们看到三版的条目后，能获得这样耳目一新的体验。

四、长征如何坚持？提升认识，态度决定高度

因为一入职就投身在三版项目里，至今我还没有能体验到拥有一本自己做的书的成就感。这种长征式的工作，对人的生理和心理都是考验，但我从未退却。最初我希望能通过三版现代医学，让普通百姓获得客观权威的医学知识，不会被误导，因为错误的知识比没有知识更可怕。在

主题教育中，我深入学习了总书记对我社的重要批示，从榜样们的身上汲取了精神力量，在实践中增强了“四力”，坚定了“四个自信”。三版是我们国家科学技术、文化发展实力的重要展示和呈现，受到党和国家的高度重视。做好三版不仅是我社的中心工作，更是重要的政治任务。在提升了政治意识和政治站位后，我愈发坚定了做好百科的决心。

我曾经向推动良好的矿冶学科请教他们的成功秘诀，在矿冶主编的会议讲话笔录里，我找到了一部分答案。徐匡迪主编讲述了他曾经听到一场志愿军英模代表团的报告。报告人讲述了人民志愿军和美军作战时，美军用的是坦克、大炮、机关枪，而人民志愿军只有步枪，是志愿军们用血肉之躯换取了战争的胜利。所以受到触动的他，选择了钢铁作为大学专业。而谈到对百科工作的认识时，他说道：“要带着家国情怀，带着对祖国、对人民、对党领导人民所取得的成绩的深厚感情来把它编写好。”如果每一位作者、编辑，所有参与三版工作的同仁，都能认识到三版的重大意义，那我们将攻无不克、战无不胜。

国庆前夕，我看到了一个热点提问：身处各个行业的普通人，可以为国家发展做些什么？如果说就业时是三版选择了我，那么现在我选择做好三版来作为我对于这个问题的回答。《中国大百科全书》是无数中国学者的心血和智慧的结晶，从第一版的诞生，结束了中国没有百科全书的历史；第二版的续写再创中华文化辉煌；到如今，与时俱进打造数字化时代的第三版网络百科，百科全书也见证和记载了中国社会的发展。在信息质量良莠不齐的大环境下，《中国大百科全书（第三版）》以建成国家大型公共知识服务平台为目标，坚持正确导向，普及科学知识，发出中国声音。在这些美好愿景的背后，是一代代百科人怀揣崇高的理想，无怨无悔地在文山书海里耕耘，不忘初心，薪火相传。

百科事业任重道远，三版上线迫在眉睫。愿为垒土，起九层高台；愿为滴水，汇百科之海。“永远给我，碧浪清波”，这心中的歌，也唱出了我和我的百科。

运用数据融合　探索高质量发展

中国对外翻译有限公司　武学敏

英国德温特出版公司，它在1951年做了一件事情：把不同国家的专利文献数据进行了整合收录，这个看似不是很复杂的尝试使他推出了“专利文献索引系统”，奠定了德温特在世界知识产权数据界的江湖地位，也得益于这个尝试，诞生了一家估值约42亿美元的公司。所以在通过加速数据融合实现高质量创新发展这件事情上，我们思考并实践了许多事情。可以说，我们蹚过坑，也迈过坎儿，积累了很多有益的经验。接下来，结合中译语通实际情况，和大家分享以下几点内容：

一、破解技术难题

千百年来，从雕版印刷、活字印刷，再到铅字印刷……出版行业总能拥抱技术进步，随着技术发展不断发展壮大。把破解技术难题这部分拿来第一个进行分享，是因为在新时代下，技术影响了我们发展的宽度。

中译语通作为中译公司的控股子公司，是以数据和技术为特色的高新企业，在技术上率先进行布局，比如，智能语义技术，在科技文本语义检索算法方面，中译语通已经具备世界领先的精度水平，智能语义是数字化、知识化转型中一个很核心的技术点。

有了智能语义技术，我们可以赋能智能出版，例如，智能审校，可以对稿件的语法正确性、表达规范性、语言流畅性、内容原创性进行自动的校核和预警，将编审专家从大量的重复性工作中解放出来。例如，知识化出版，我们可以将海量出版物加工成细粒度的知识，将分散在不同出版物中的相关知识组合成全面、客观、高质量的知识工具，解决用户深入的专题性问题。

机器翻译帮我们消除了阅读的语言壁垒，拓宽了我们的知识视野，使我们可以自由地去阅读各国文献。说到机器翻译，它是典型的数据和技术融合的例子，值得拿出来单独分享。接下来，我们带着这个案例进入到今天分享的第二部分。

二、技术与数据的融合

案例一：世界领先的机器翻译是怎样在中国诞生的？

中译公司从 1973 年至今，在 40 多年服务联合国及国内外重大外事活动、重大国际赛事以及重要企业的实践中，积累了丰富的多语种翻译语料和数据资源。

我们把公司多年来积累的跨语言数据资源和机器学习技术进行了融合，通过这个举措，我们创造出了中国最好用的机器翻译产品。在机器翻译领域，中译语通已经取得了与谷歌、微软并肩甚至更好的成绩：

2019 年国际机器翻译大赛，中译语通与微软亚洲研究院、Facebook 三家夺冠数量并列第一；2018 年国际机器翻译大赛，中译语通超越谷歌取得英中方向自动评测第一名；2017 年国际口语机器翻译评测（IWSLT 东京），中译语通荣获机器翻译综合评测排名第一，囊括 16 个语言方向第一名。

三、数据与数据的融合

案例二：知识服务新形式的探索

基于全球海量的专利、期刊、学术论文等科技大数据，全球长时序及实时的新闻资讯大数据，以及各类别的法律、标准等其他大数据，通过对上述巨量的信息源进行科学合理的融合，并基于公司深度神经网络人工智能算法、语义检索与分析核心模型库、人工智能机器翻译算法等一系列核心技术，通过对科技行业信息应用的专家建模，形成集成了语义智能检索、深层多维分析、科技价值评估等功能的综合性科技大数据平台——JoveEye 科技大数据平台。它是全球第一款支持跨语言智能语义检索与分析的科技大数据平台。

案例三：如何通过数据跨界融合，实现既有数据在新领域的新价值？

在科技大数据平台基础上，我们继续整合了企业工商分析数据、专家学者数据、论文期刊数据、投融资信息等科技数据，并在业界首次实现对多源科技信息的标准化治理。我们成功开发出了 JoveEye 全球科技发现与价值评估系统，实现了科技数据在金融领域的重大突破。

通过系统我们可以找到全球范围内最好的技术、最值得投资的企业、技术领域内的专业人才；还可以从科技、风险、舆情、工商 4 个维度对科技公司进行综合评价和画像。

四、数据融合，让市场站在 C 位

数据融合这盘大棋可以说是玲珑初开，百子待落，我们面向市场需求、面向应用场景的尝试，一定会收获满园芬芳。

收获一：科创城市——将数据信息服务与城市发展相结合，需要打通企业、园区、政府等主体之间的信息屏障，需要跨越科技、金融、社会等行业之间的数据鸿沟。在科技创新这个国家大背景下，中译语通形成了完善的“科技创新城市”解决方案，已对接上海、苏州、杭州、福州、成都、深圳、西安、广州等地，得到了良好的市场反馈。

收获二：科技评价系统——国家重点筹划科创板，在2019年正式上市运行，中译语通成功地交付了上海证券交易所科创板智能审核的科技评价系统，这一市场成绩的取得，使语通迅速赢得了金融领域市场！

收获三：联合更多交叉领域共同开拓数据产业新业态——这一路走来，我们发展了自己也交到了“朋友”来共同推动产业发展。一方面，中译语通正联合科技部、工信部、大型金融机构与高校相关研究院等核心金融与科技主体，积极尝试构建“数据＋技术＋服务＋政策”的产业标准与战略规划；另一方面，中译语通联合中国科学院、北京大学等机构申请科技部重点研发计划，并与大型科研型机构紧密合作，一起探索从印本到富媒体出版、从文本到知识图谱、从资料到科研解决方案的转型之路，打造引领新时代科研工作的“科研创新加速系统”。

五、莫为浮云遮望眼，风物长宜放眼量

未来，我们的事业将横跨出版、科技、金融等多领域，撬动数千亿的政府、科研、金融、咨询市场，伟大的道路注定不平凡，我们将在集团的统一领导下，与各出版社、集团旗下公司携手并肩、深度融合，加强数据共建、技术共享、市场共赢，高质量完成集团赋予的每一项任务，打造新时代的中国出版旗舰。

创品牌有效多元融合　促改革高质量发展

新华书店总店　提晓然

年轻一代或许在听到新华书店这个名字的时候，第一反应会是小时候我们经常逛的那个总是熙熙攘攘、阅读气氛浓厚的购书商店。的确，新华书店总店自 1937 年诞生之时起，就在不同时期发挥着文化传播与精神引领的重要作用。新华书店的店面遍地开花，全国各地到总店进货的卡车据说当年能从北礼士路 135 号院排队到西二环。新华书店成立 80 多年来，始终坚持传承红色基因，传播科学真理，弘扬先进文化，凝聚奋进力量，已经成为中国文化名片、读者精神家园。

2013 年底，新华书店总店成立以茅院生同志为领头人的新一届领导班子，为总店制定了新的发展战略“盘活存量资产，推进产业转型”，初步建立了“一园区五平台”的融合发展布局。我所在的新华国采教育网络科技有限责任公司就是总店高质量发展航母上一架颇具战斗力的战斗机。作为由中国出版集团主管、新华书店总店出资成立的国有独资互联网企业，我们在融合发展之路上，主动承担了推行教育信息化的践行者一角，将新华书店总店的红色品牌文化与互联网教育相融，将传统教育资源与互联网、大数据融合，在教育公平化、教育信息化的基本国策要求下，积极探索我国教育发展的新思路。

新华国采公司的核心产品之一——全国大中专教材网络采选系统，是以推动中国教育信息化建设和教育公平为目标，以中高等教育为服务对象，以教育出版数字化转型升级为基础，构建集教材信息发布、纸质教材与数字教材采选、教材评价为一体的网络平台。

该系统以互联网、移动互联网、云计算和大数据技术为基础，借助新华书店总店四十多年积累的、独一无二的核心教育数据资源《全国大中专教学用书汇编》，在教材编者、出版者、师生读者之间架起教材出版、采购、发行的数字化、网络化桥梁。平台包括纸质教材电商系统、数字教材与资源租售系统、在线授课与智慧学习系统、教育大数据分析系统，逐步形成基于教材的 B2B2C 的“知识服务在线生态系统”。

《全国大中专教学用书汇编》是各大高校师生选订教材的“信息大全”，全国高校主管征订的老师几乎人手一册。在数字化时代网络高度覆盖的今天，新华国采公司把传统的纸制教材目录做成数据库，把数据库和大学教务管理系统对接，由学校把教材信息直接发到学生的移动终端，学生直接付费下单，再由每个省市教材经销商把教材直接送到学生手中。平台自 2017 年 5 月份上线至今，汇集了全国 214 家出版社新版可供教材 21 万种，已与全国 26 个省份的 238 家院校洽谈合作，签约院校 144 家，对接院校 90 家，构建起了全国覆盖面最大的中高等院校教材采购与管理的网络化平台，填补了市场空白，已逐步成为部分高校教材招标采购的必备条件。通过采选系统平台，总店开拓了与院校、出版社、经销商及其他文化企业之间的合作，共同推进中高等教育教材资源数字化及教材采选信息化建设，推动优秀研究成果的出版与发行建设，实现“互联网 + 文化 + 教育”的融合发展。

全国大中专教材网络采选系统入选了国家新闻出版改革发展项目库，是中国出版集团公司“十三五”重点数字项目和集团公司唯一入选国家档案局电子档案管理试点范围的重点项目，荣获中国出版互联网大会“十大创新平台”、2019 中国数字出版创新论坛“年度数字创新应用”、中国出版集团融合发展奖“最佳影响力奖”等奖项；被全国妇联授予“全国巾帼建功先进集体”称号；公司连续两年营业收入翻番，利润近千万元。这些成绩都是集团深化“三型集团”战略、推进高质量发展、总店推进产业转型的成果显现。

此外，新华尔雅书房、校园书友、新华智课、职场优课等优质文化、教育品牌，都是新华国采公司为推动集团建设“三型集团”所付出努力的实践。2019 年 7 月 24 日，教育部下发《关于进一步支持高校校园实体书店发展的指导意见》，要求各高校应至少有一所图书经营品种、规模与本校特点相适应的校园实体书店。鼓励实体书店创新经营模式，积极参与公共文化服务建设。2019 年 9 月 23 日，我们与传媒界最高学府——中国传媒大学联合营建的“中传知行书店·新华尔雅书房”正式揭幕。

校园书店的建设，旨在充分利用高校教育资源，为学校师生及社会提供集图书购阅、文化用品、学术交流、文化休闲于一体的阅读学习、修身养性、交流互动的平台。新华国采公司依靠多年积累的院校服务经验，在脚力、眼力、脑力、笔力上都落在实处。在脚力上，新华国采公司有一支身经百战的市场队伍，这支队伍在市场推广中披荆斩棘，与全国 300 多家院校维持友好合作关系，合作经销商、出版社 420 多家，脚踏实地将业务做到实处；在眼力上，新华国采公司领导团队风华正茂，在引领公司发展、决策重大项目上展现出卓越的发现力、洞察力、识别力；在脑力上，每一位辛勤的国采人秉持总店“克勤于邦，止于至善”的理念，在日常工作中头脑冷静、思路清晰，拥有专业职人的思想能力、分析能力、判断能力；在笔力上，新华国采公司的运营部和综合事务部的文字工作有条不紊，无论是方案策划、项目申请，还是文件报表、数据分析，都表达清晰，思路创新。四个方面共同构成一个有机整体，相辅相成，使得新华国采公司有效完成工作任务，在社会效益和经济效益上都有所建树。

新华国采公司策划的校园书店项目方案中，不仅突出图书、文创产品的销售，还将拓展学术交流、本校学生实践基地、全国专业人才储备委员会培训基地等服务，融入校园文化中，实现全方位教育资源共享。采选系统落地校园书店为高校提供纸质教材电商服务，学生可线上平台下单，线下在校园书店取货。新华国采公司在线教育业务产品线还可为校园书店打造教育内容方案，校园书店为职业教育、高等教育、B 端机构用户提供线下招生、线下面授培训的运营管理工作。充分利用新华国采公司与国资委共建的“全国专业人才储备工作委员会国采基地”等培训品牌，共建地方级运营中心，以高校为背景落地校园书店，通过线下活动等多种方式建立高校学术品牌知名度，与教育行政部门、知名院校等联合举行落地活动，扩大影响。

总而言之，在互联网时代，出版业正在被重新定义，正走在融合发展、协同共进的道路上，新华国采公司秉持高质量发展，促进教育公平的信念，以教育信息化带动教育现代化，破解制约我国教育发展的难题，促进教育的创新与变革，发挥企业的“四力”优势，将会在融合发展之路上愈走愈远。

转型升级　服务创新
助力中图高质量发展

中国图书进出口（集团）公司　殷梦羚

记得2019年北京国际图书博览会的第一天，阿来携《云中记》在我们打造的“中图·联通5G新阅读展区”，与现场观众进行“5G远程全息”交流，现场异常火爆。以这一互动为代表的一系列精彩的5G新阅读展示，是中图数字业务迈向新台阶的一个缩影。

新时代，以书为媒、融合服务成为新的发展趋势。中图从事的是出版贸易工作，正在持续推进数字化转型和服务升级，充分整合各资源要素，在新的起点上向融合发展的方向迈进。下面，围绕“三型集团”战略与“创新提质，管理赋能，融合发展”的公司2019年度主题，分别从纸电融合、资源融合、跨国融合这三个方面谈谈我的体会。

一、纸电融合促创新

中图自2012年开始，在传统纸媒体业务基础上，不断创新，实施数字化转型升级战略，致力于打造中国数字出版领域的旗舰中盘。6年多来，融合纸电优势，持续建设“易阅通”数字平台，并在此基础上，进一步实施“易阅通+”战略，打造“易阅通+”数字平台集群，构建新的“数字中图”核心竞争力。

我有幸亲历这一转型历程。自2016年加入到“易阅通”平台的市场推广团队，在与国内外终端客户的沟通中，我切实感受到数字化对出版和服务领域的深刻影响。以馆配市场为例，我所接触的南京农业大学图书馆等机构反馈，其采购越来越强调对各类资源的完全拥有，而以往纸书采购已不能完全满足学校师生的科研工作需求，这无疑就给“易阅通”提供了机会。

近年来，坚持纸电融合打通的服务方式，借助中图70年积累的国内外机构客户优势，为客户提供一站式采选解决方案成为中图新的核心竞争力。贯彻这一发展思路，“易阅通”已成功走进清华大学、北京大学等高校，同时开拓了航天十二院、中国教育发展战略学会以及列入世界500强的天津物产集团，实现了传统市场的拓展。我本人也曾服务于王府国际学校的电子资源采购，并积极开拓包括中国黄金集团在内的企业客户。

坚持纸电融合服务，中图还成功打造了服务海外机构和个人用户的“中国电子书库”，书库所供数字版图书与原有供应纸本图书的“中国出版物采选平台”有效衔接，实现了纸电介质的联合采选，进一步提升了中国出版“走进”海外市场的能力。我也通过参加学术研讨会的机会向牛津大学、哥伦比亚大学、波士顿大学、亚利桑那州立大学、萨尔茨堡大学等高校教授，向斯坦福大学图书馆师生积极推介“中国电子书库”平台，他们对于其中的中国主题数字内容都表示了浓厚兴趣。

坚持纸电融合服务，也为文献资源保障提供了新的途径。2018 年，中图正式成为国家数字科技文献资源长期保存体系（NDPP）的基地之一，本地化安全存储的理念符合图书馆等机构对国有资产管理安全和长期保障的需求。

二、资源融合强服务

“易阅通”平台坚持以技术驱动服务创新，以技术为支撑，以内容为先导，打造高质量的平台，融合各资源要素，以日益精准高效的服务，不断拓展市场。面向不断细分化的市场，持续推进内容资源建设和服务升级，推进内容的精细化管理与服务的个性化，实现技术、内容与服务的融合发展。

目前，“易阅通”平台已实现本地化聚合正版全文数字资源超 200 万册，元数据超千万条。这些资源来自全球 2300 多个知名出版品牌，覆盖 72 个国家和地区的 100 个语种，奠定了坚实的资源基础。

平台技术持续迭代升级。“易阅通”五期于 2018 年底正式上线，以微服务为主体架构，进行模块化管理和资源的调配，功能更为强大。新的平台更好地支持内容的精细化分类和管理，在资源检索、揭示、发现和多形态内容展示方面更为便捷，也使个性化服务更为可能。

在新的平台功能和海量内容基础上，我们可以更好地延展服务。2018 年，“易阅通”（强国版）成功接入中宣部“学习强国”学习平台，直接服务于全国 8000 多万党员和各地党组织。2019 年，“易阅通”还正式推出移动 APP，可以更好地满足移动访问的需求，“易阅通”优质服务的路越走越宽。

目前，我所在的技术部门，作为支撑部门的一员，进行平台内容的抽查和数据质检，为“易阅通”服务提供基础的管理和维护工作，深以为荣，也要更好地贯彻“全员服务”的理念，发挥好“螺丝钉精神”。

三、跨国融合“走出去”

传统出版社“走出去”一直面临着海外用户“发现难、购买难、使用难”的瓶颈。“易阅通”平台始终致力于借助渠道优势和技术优势，不断拓展中国出版“走出去”的通道，服务出版社的国际化拓展。

一是努力建设科学的数字资源标准化加工体系，接轨国际数字资源标准，着重解决文档数据格式和元数据标准与国际不统一的问题。

二是以灵活多样的方式广铺渠道，拓宽市场，促进数字资源“走出去”的提质增效。几年来，“易阅通”平台成功对接 OverDrive 等 19 家海外主流渠道，实现“易阅通”覆盖海外国家和地区达到 83 个，销售至 300 多家机构。完成“海外中国电子书店”项目技术攻坚，累计实现美国亚马逊上线中国电子书 4 万多种，占全球亚马逊中文电子书动销品种 60% 以上。与国家汉办达成战略合作，推进“智慧孔院”大框架下的“智慧数字图书馆”建设。依托“中国馆”项目，创新本地数字图书馆“走出去”新模式，成功走进塞内加尔、南非、土耳其、老挝、秘鲁等国当地主流大学机构，社会效益显著。同时，大力发展按需印刷，提早布局全球按需印刷市场，实现纸电内容同步供应，真正实现中国电子书在海外主流渠道找得着、买得到、看得懂。

我也曾负责“易阅通”数字内容对接海外主流渠道的业务，见证了“易阅通”与美国亚马逊、苹果公司和谷歌公司这三大电子书零售平台的合作，实实在在地实现了中版数字出版的“走出去”。

2019年是新中国成立70华诞，也恰逢中图公司成立70周年。70年凝心聚力、新时代筑梦前行，在这样一个机遇与挑战并存的时代，我们青年人身处企业发展的大潮中，是伟大变革的亲历者，无上光荣。未来，我们将努力响应“三型集团”建设号召，践行集团高质量发展的要求，立足工作岗位，同时将参与青年理论学习的成果运用到企业发展的实践中去，做起而行之的行动者、攻坚克难的奋斗者，在新时代创造更大的业绩，实现每个人的青春价值。

挖掘经典典籍艺术珍品
助力荣宝拍卖起航新程

荣宝斋　李林昊

2017 年，我非常荣幸地来到了梦想中的百年老字号荣宝斋下属北京荣宝拍卖参加工作，负责书画等文物艺术品的征集、整理、上拍等工作。我从小就喜爱中国传统文化，深知荣宝斋在中国百年文化进程当中无可替代的重要地位，非常荣幸可以加入这样一个拼搏进取、干劲十足的团队，也很高兴可以将学习到的知识在这样一个优越的平台得到发挥，在中国首屈一指的拍卖行的工作中逐步丰富自己的见识，在锻炼中得到成长。

本人所学习的专业为敦煌学，敦煌是中国、印度、希腊、伊斯兰四大文明体系的汇流之地，敦煌学为发源于中国的世界显学，内容涵盖了中古时代的历史、地理、语言、文化、宗教、艺术等诸多方面，体现在文物上最为经典的就是敦煌遗书，这些距今一千多年的晋唐书法是研究中古历史和书法史的重要文物，是中华文化中最为璀璨的皇冠上的明珠。2018 年依托荣宝斋集团优势和自身专业特长，我开辟了“一念莲花开——敦煌写经与佛教艺术专场”，这个门类之前是荣宝拍卖的一个空白，首场春拍便有十件拍品被北京市文物局评定为国家一级文物，这在北京荣宝拍卖的历史上也是前所未有的。以下有几点是我今天想和大家一起分享的。

1. 征集工作是我们开展工作的第一步，是我们举办专场拍卖并赢得藏家信任的前提，所以必须高度重视拍品资源的重要性。我们在征集上不限制地域与行业，在多个省份十几个城市和海外以及港澳台地区举办了多次的公开征集，获得拍品和藏家信息，特别是对重点藏品的跟踪与寻访，不仅仅是传统业界藏家，也和相关地方电视台和电台合作，不断深入挖掘拍品资源。

2. 在学术上我们始终遵从学术引领市场，严格筛选拍品，重视拍品质量，珍惜品牌和个人名誉，坚持所有拍品全部送至方广锠、李际宁、马德老师等国内顶级专家亲自审核，实行一票否决制。把每一件拍品弄懂年代，弄清价值，深入全面阐述拍品信息，挖掘拍品资源背后的故事。2018 年春拍的时候，日本的藏家带回国内给了我们一件写经，一件佛画，当时我拿到这两件东西以后请国家图书馆的专家鉴定为极为少见的日本大谷光瑞藏经，这是敦煌写经在世界范围内的四大重要流散之一，外包装是和国家图书馆收藏的大谷藏经同为神户二乐庄装裱，存世极为稀少，只有四五件，而且多为残件，我在王国维 1912 年的橘氏藏经目录当中还查到了这卷经的出版资料。当时我请方广錩老师写了一篇专业文章介绍，结果在拍前就引起了旅顺博物馆和藏家们的极大兴趣，一件底价只有 80 万元的敦煌写经经过多轮激烈叫价以 1950 万元成交，另外一件敦煌佛画也由 12 万元起拍直到 510 万元落槌。

3. 在宣传上我们坚信，没有宣传就没有知名度。我们处在一个传媒跟信息交互高速发达的社会，深挖宣传推广的各通道媒体资源，做好招商工作，三年来我一共书写《流浪海外百年，见证敦煌宝藏流散的盛唐遗珍终于回家了》等 20 余篇专业文章 3 万余字。扩大宣传推广力度，全年度共借助数十个微信公众平台发布推文，以及借助事件新闻，在电视媒体以及全国主要宣传门户网站和电视台传播事件，阅读量累计突破数十万人次，取得很好的宣传推广效果，为荣宝斋和专场品牌扩大影响力，并吸引挖掘未来潜在客户资源。特别是利用好互联网新媒体的模式和平台，把一件件不能说话的文物利用三维建模技术制作精美的介绍宣传视频，打破传统文字媒介，增加观感。

4. 重视走出去。两年来我们选取三个佛教圣地，在龙门石窟、南京栖霞寺、嵩山少林寺等地举办多次大型千年佛经大展，日均参观人数均突破万人，香港凤凰卫视和 NHK 电视台也播放了展览新闻；我们还和河南省图书馆联合举办了两次珍贵古籍大展，举办多种形式的古籍保护论坛和知识讲座，出版相关专业画册书籍，在全国重点城市开展巡展活动，加强了与藏家之间的联系并产生传播辐射效应。2019 年荣宝斋也参与到国家图书馆庆祝新中国成立七十周年的珍贵古籍大展当中，现在正在筹备和敦煌研究院在 12 月份举办“中国民间藏唐代敦煌写经大展”。未来我们还计划和法国集美博物馆开展跨国性质的展览和交流活动。

5. 在服务上重视客户对整个流程服务度和满意度的体验，重视预展现场与藏家的交流，普及知识，重视亲自推荐宣传，在展览现场布展和特装上突出特色，注意细节，注重营造特装气氛和藏家拥有欲，图录上尽心设计，做出专业高度。努力做好整个流程的每一个步骤和环节，不能轻视。不管是对待藏家和买家都尽心尽力，对他们提出的要求和疑惑都用心用力地解答和提供力所能及的帮助，和藏家注意日常联络，加强问候和密切的沟通与联系，珍视藏家资源，用专业和服务赢得买家的信任。维护好藏家关系，开拓拍品信息获取渠道。

我们已举办三次敦煌写经与佛教艺术专场，第一场取得 6000 多万元的成交额，三场累计获得 1.2 亿余元的业绩，取得非常不错的市场回报和社会反响，也创造并保持了敦煌写经的多项纪录，在业界同行中我们不管从专业度还是成交额上都遥遥领先。2018 年，我们专场也被中拍协授予“年度开拓价值拍卖专场”。

2019年8月19日，习近平总书记在敦煌考察时指出，要深入挖掘敦煌文化和历史遗存蕴含的哲学思想、人文精神、价值理念、道德规范等。对于敦煌写经书法的深入发掘和研究，恰恰是我们文化工作者对敦煌历史文化遗存保护与传承的方式。受大的经济环境的影响以及政策方面的调控等原因，当前艺术品市场处于低潮，我们荣宝斋在经营上也处于一个艰难时期，怎样挖掘潜力、扩大市场成为了我们面临的一个重要课题。北京荣宝拍卖引进佛教典籍这一块业务取得了目前的成果，可以说成为一个比较成功的案例，我们也希望能为其他业务板块树立一个样板。我觉得依托于深厚的文化底蕴和丰富的馆藏资源，只要认真分析市场，努力挖潜，充分调动大家的积极性，本着全方位全流程为客户做好服务的宗旨，荣宝斋一定会走出困境，取得新的突破，再创辉煌，重新迈上新的历史台阶。身为一名荣宝人，非常荣幸能够亲身参与到荣宝斋改革发展的进程中来。我们一定要勇往直前，奋发图强，不断进取，开创属于我们有志青年的新时代。

小社在融合发展中有大作为
——以华文社抖音号“南门太守盘三国”为例

华文出版社　景洋子

不忘初心，方得始终。在融合发展中，做大做强党的出版事业、为人民出好书，是新时代赋予我们的职责使命，也是我们出版人的荣光。融合发展是打造“三型集团”的目标之一。华文出版社作为中国出版集团的一员，正努力于进一步做好融合出版传播。中小社，有大作为。

出版的本义是“发表”，本质是“传播”。而传播需要一定的介质和技术手段。随着时代发展，科技进步，介质和传播手段都发生了变化，但“传播”的本质未变。所以，做好出版，就必须做好“传播”，做好融合发展。

5G时代，强调融合发展，我社决定要有所突破，创新做增量渠道。出版的本质即传播，当下流行的抖音，就是一个上手快、成本低、非常适合中小社特点的传播媒介平台。研究后，社领导决定选择南门太守的《三国英雄记》系列作为我社进军抖音的头炮。通过打造“南门太守”品牌级账号，将专业内容巧妙融入大众平台，实现融合发展。

专业的人做专业的事，我们于 2019 年 3 月注册“南门太守盘三国”抖音账号（当时网络上极为流行“盘”这个词，“万物皆可盘”），并通过同社外资源合作一起运营。截至 10 月，短短半年，“南门太守盘三国”已发布 200 余条短视频，获赞 105.6 万个，总评论 13.2 万余条，粉丝 15 万余人。

一个个视频就是一个个选题。前期阶段为“三国揭秘”，责编策划每期的选题，即三国迷普遍关注的专业问题，例如：“谁是三国演义里射箭技术第一人？”“什么是三国时代最大的蝴蝶效应？”经过商讨筛选后，由作者通过自问自答的形式录制，交给视频制作公司剪辑，为视频配以相关图片或影视作品镜头。经过时间的积累，每条视频均有粉丝热情参与讨论和提问，多期留言破千条。于是我们对视频内容做出了调整，以回答粉丝提问为主，仍请南门太守作答。将“自说自话”转变为同粉丝的互动，每一个粉丝都期待南门太守可以回答自己的问题，大大拉近了作者与粉丝的距离。充分调动粉丝积极性的同时，也为编辑提供了延续不断的选题。7 月，我们在粉丝黏性已经紧密的时候，选择在视频里添加商品橱窗，销售《三国英雄记》套装和 6 个单本。季度销量几十套，还没有太大突破。接下来我们为抖音橱窗专门订制了随书赠送的手机壳，希望可以通过独家的方式提高转化率，带来更多收益。此外，南门太守每周还在抖音平台坚持做视频直播，与粉丝互动良好。

注册半年，“南门太守盘三国”发布的短视频或直播还是局限于图片、直播间等固定场景，时间久了难免会审美疲劳。接下来，我们仍将依托内容，打造知识付费产品——请南门太守走出去，进行外景录制、实地直播。根据三国时期的历史事件发展走向，开辟出一条“研学路线”，为粉丝提供切身实地的感受，真正做到脚力、眼力、脑力、笔力“四力”共同实践增强。

在做好“南门太守盘三国”抖音号后，我们信心十足，发现原来有这么多潜在的、喜爱我们产品内容的粉丝和读者。在能力可及的基础上，我们将分系列开通抖音号，例如“华文全球史”“徐静波”“历史的沸点”“哲学100问”等，主动向受众出击、向读者靠拢。通过专业、专属内容，吸引聚集粉丝，打造华文品牌，增强华文社的影响力。

除了“南门太守盘三国”，我社还有其他成功案例。《日本的底力》是徐静波在我社出版的第五种图书，“徐静波”系列也早已是我社乃至集团的品牌系列。作者配合我社在 2 月份做了一次“徐静波限时独家专属签名本”线上营销活动。将该系列组成多种套餐在网店限时全价预售，买家下单时备注想让作者签署的名字或内容，截单以后集中时间请作者为所有此次活动下单的读者进行“一对一”专属签名。由于作者有超高人气和强有力的粉丝流量，短短一个星期的活动时间，销售图书 600 余册，累计实洋超过 3 万元。活动结束后，仍有读者询问是否还可以购买签名本。

上述种种做法，不仅扩大了我社的产品知名度，树立了良好的品牌形象，还为我们带来了实际的经济效益。据统计，市场营销中心部门 2019 年上半年发货同比增长 47.87%，回款同比增长 90.44%，回款指标完成 58%，各项成绩均有明显提高。同时，入围好书榜的品种和次数也较 2018 年增多近一倍。

集团内部还有一些像华文社一样的中小型出版社，目前正处于品牌建设初级阶段，数字化水平还比较低，虽然资金、人才不足，但仍然可以有大作为。做好融合发展从根本上有两条：一是内容生产，二是传播手段。我们最大的优势就是专业的内容生产，必须立足优势，坚持传播导向正确、质量精良的优质内容；而在传播介质上和手段上，中小社要勇于大胆创新，在融合发展中出奇制胜。在掌握这些新的传播手段、介质和互联网思维的同时，还要做到“放下身段”，接受社外的优质专业资源。高冷出版央企要走传播的热门，我们参与抖音，严肃卖萌，不是“抖机灵”，而是抖品牌。通过更为“接地气”的方式靠近读者，将我们的专业内容主动传播到更广大的读者中去。通过寻找“围墙外的合作者”，借外力、少投入，形成 MCN 矩阵、产业链，以实现商业稳定变现，最终形成与互联网产品生产过程的有机融合。

融合时代，我们面临的是飞速发展的技术和日新月异的载体。不论各方怎样融合、平台怎么变换，都要以内容为核心。“定心做出版，大力数据化。”我们必须立足内容生产，加快融合发展，在集团主旋律“大合唱”中，为建设高质量“三型集团”发挥作用，为人民出好书，为这个伟大的新时代传播正能量。小社必将有大作为。

利用大数据提升物流引导力
助力集团结构转型实现高质量发展

新华联合发行有限公司　朱　雷

新华联合发行有限公司成立之初就被集团赋予进行物流整合和信息整合的任务与使命。

物流整合工作已经顺利完成。经过多年的努力使物流这个在集团出版经营全流程中最薄弱的环节，一跃提升为在行业中功能、效益、规模、形象第一的现代化大型出版物流中心，完成了集团全产业链高水平运营的华丽转身，更加符合集团出版"国家队"的形象。

信息整合也取得了超越预期的成果。建立了物流社店通一体化信息服务平台，实现了与出版社，与物流、书店整条图书供应链的数字化贯通，集成了全集团出版经营业务数据，实现集团和出版社的大数据应用，成为集团和出版社结构转型、实现高质量发展的重要支撑。信息整合的成果主要表现在三个方面：

一、数据化驱动智慧物流，实现物流高效运营

智能化的仓储管理信息系统保证了物流中心高效运营，精准高效生产，既联通了供销渠道，也树立了行业品牌。

（一）物流管理智能化，精准高效生产

智能仓储管理系统驱动物流中心高效运营。自动订单处理、拣货路径优化、智能补货运算、作业任务动态报告、生产实时统计报表，智能算法使每一册图书都在最合理的位置，员工的每一个动作都科学高效。物流中心实现了日均出港量由2018年的7000多件到2019年的13000多件的飞越，信息系统起到了关键的支撑作用。

（二）数据应用平台化，优化电商供应链

强大的信息系统使新华联合与当当、京东等电商企业进行了全面对接，作为电商企业的前置仓库，产品出库即入电商库，通过定制生产、免预约入库，大大提高了各社在电商渠道的入库时效，减少出版社在途库存。新华联合通过信息技术的革新，实现了整个电商图书供应链的优化升级，解决了单个出版社靠自身能力无法解决的效率问题，全面提升了电商入库上架的效率。

（三）技术服务专业化，树立行业品牌

新华联合已经对传统图书物流形成了较高的技术壁垒，以自身的智慧物流服务吸引了行业的普遍关注。2019

年4月，学习出版社入驻新华联合物流中心。学习出版社在考察物流服务商时，原计划考察6家单位，其考察小组在了解了新华联合的物流服务和信息系统建设情况后，立即拍板决策建立合作，不再进行新的考察。2019年，学习出版社推出重点图书《习近平新时代中国特色社会主义思想学习纲要》，为保证这本全国级的重点图书顺利发行，学习社提出了一整套高质量发行的苛刻要求，对先期的全面保密措施、到货时间的精准要求、巨大发货量的批次安排、各种在途数据实时传输等都有具体的要求，新华联合不负众望，依靠智能化的信息系统和精益化的物流运营，百日发货3000万册，累计码洋5亿元，服务精准无差错，在行业内树立了新华联合专业图书物流服务的品牌。

二、信息系统高效连接，提高出版社发行效率

新华联合处在图书供应链中的核心节点，我们根据这个特点搭建了集数据汇集、交换、共享、发布于一体的信息服务平台，通过三年持续的建设与数据集成，目前已实现迁入出版社与全国21家大型书店的系统对接，包括所有大型电商、全国主要的省级新华书店和有影响力的民营书商，覆盖了80%销售码洋，信息系统的无缝对接，带来巨大的便利。

（一）建成了集团优质图书信息库

在集团各出版社陆续入驻物流中心的过程中，我们

同步展开数据收集、加工、整理、清洗、补充完善等一整套集成工作，使散乱的数据变成有价值的数据资产，实现数据的统一化和标准化，形成了一个优良的基础书目数据库。同时通过与行业专业机构合作，为出版社提供新书的精编信息和馆配信息，使各社不需自行制作，在新书出版时及时向电商和馆配商提供适配数据，可使新书提前一个月入市。

（二）实现了报订到订单无缝对接

新华联合利用信息服务平台推进出版社与全国各大书店系统间的商流信息对接——社店通。社店通的实施对发行效率的提升反映在多个方面，出版社和书店不再进行重复业务操作，实现自动化生成，更重要的是各种经营数据不再沉睡，变成共享，为各种数据应用提供了可能。

（三）达成了图书发行全过程追踪

信息服务平台已实现各出版社有关物流运营的所有数据集成，各社可通过信息服务平台及时掌握订单拣配、发运、到货、签收、回单的各种物流状态，可精确掌握各种类型的物流费用和结算标准。在此基础上，根据盘存审计的要求，我们快速反应、组织攻关，目前已从技术上实现与出版社两个系统间实时库存账账比对功能，从根本上解决了物流动态过程中，两个系统数据必然不一致的情况下，如何检验库存数据准确性的现实难题。

三、分析挖掘数据价值，支撑集团辅助决策

新华联合凭借上下游连接的信息枢纽作用，成为全集团出版经营的数据集成中心，为集团进行持续的经营管控提供了平台。集团因此委托我司研发实施了中国出版集团出版经营决策辅助系统，经过一年的努力，一期项目即将验收上线，主要从三方面提供参考辅助决策。

（一）展示集团整体经营报表，经营状况一目了然

整体经营报表是在集团和出版社的管理层面对整个经营状况综合分析的报表。报表从出版社、产品线、渠道三个维度展示集团出版社的整体收发存退经营情况和发展趋势，提供历史数据的横向对比，是集团相关部门和各出版社掌握整体经营状况的重要参考。

（二）进行库存诊断分析，提供整体经营体检表

我们在原有的库存分析基础上，开发了集团库存掌控分析模块，从八个维度，即销售码洋与库存增长率、库存周转率、图书动销活力程度、在库在途比、发货码洋周转次数、当年入库图书发货率、本版图书退货率和库存结构分析，对出版社库存进行数据建模，为集团和出版社了解自身的库存现状提供了一张“体检表”，为推动集团和出版社实施提质量、压品种、减印数、提周转、去库存、控退货、降报废的经营策略提供数据支持。

（三）提供重印建议数量，让数据说话

重印书的精准提印一直是出版社的痛点。我们紧盯库存管控分析中显示的快脱销产品，通过对图书属性、历史销售量、可用库存、备货周期、印制成本等多方面的因素综合考虑后，科学地给出一个二次重印的建议数量，改变之前人工预估的盲目性。一方面可以及时发现快脱销的图书，避免造成断货；另一方面可以有效降低因盲目提印而带来的无效库存，提升库存周转率。

数据集成是一个长期的过程，随着数据的不断积累，新华联合可以做的事情还有很多。新华联合的目标是对标一流的出版信息数据服务商，不断地集成数据，持续挖掘数据中的价值，不仅提升物流引导力，更要努力担当，为集团的结构化改革提供决策参考依据，为集团的高质量发展注入动力。

光影与文化创新融合探索

——通过应用新科技助力转型，推进高质量发展

北京中新联科技股份有限公司　刘奎岩

高质量发展是当前我国经济社会发展的主题词，企业要想实现高质量发展，需要抓住当前产业变革的新机遇，确定好发展方向，并不断创新。围绕高质量发展主题，公司新一届领导班子提出了“科技＋文化”战略目标，努力将北京中新联科技股份有限公司建设成为科技型文化企业。

在上述背景下，结合公司的实际情况和当前的经济环境，2019 年公司在光影技术与文化内容的融合方面进行了创新尝试。融合创新主要在市场拓展和产品研发方面开展。

一、努力挖掘资源，拓展市场需求

（一）做光影，进入文旅夜游市场

在走进市场、拓展市场的过程中，我们发现，夜间旅

游作为一种新的文旅产业发展模式快速升温，市场潜力巨大。当前我国社会主要矛盾已经转化为人民日益增长的美好生活需要和不平衡不充分的发展之间的矛盾，人们越来越注重精神文化层面的获得感及满足感，消费结构和消费需求也逐渐升级，对景观照明的艺术品质要求也更高。现在的景观照明基本是百城一屏、千城一面，比的是谁家夜间更亮，光污染现象也越来越严重。未来的发展将会更强调光影设计，夜游离不开光，恰到好处的光影设计是实现“文化夜游、梦幻夜游”的必要条件，必须注意光的设计，避免光污染，保证“夜”的存在，同时赋予文化内涵，创造梦幻的感觉。

基于以上分析和定位，公司确定了以文创投影灯为敲门砖，通过开发定制投影内容，进行文化内容表达和传播的发展方向，以谋求进入文旅夜游市场。我们提出景观照明不仅要远观，更需近看，远观有势，近看有质。我们注重的是光影细节的打造，是文化内容的融入。目前正在进行一些文旅项目的光影设计和产品定制工作。如为某项目景观照明设计方案时，我们结合当地文化，设计专属的文化符号，利用光投影的方式进行表达和传播，并且对灯具的外观也进行了文创造型设计，将文化元素植入灯具和光影中，在美化城市和景观的同时，弘扬了传统文化。该设计方案获得了业主好评。此外为某景区创作专属的节日文旅光影内容工作，也在进行中。

（二）走出去，面向国外市场

我们不仅将光影内容应用于国内，也将其推广到了国外市场。为客户量身定制，打造需要的文化符号。如在为某文投公司做位于英国的照明亮化项目时，考虑到展示时间是冬季，向业主推荐了圣诞老人和麋鹿拉车的激光动态投影，营造出符合西方传统文化的节日氛围，业主非常满意。

（三）找优势，实现资源聚合

结合自身产品特色，依托集团文化央企背景，我们不仅尝试参与了景观照明及亮化项目的定制方案设计服务，还尝试参与了灯具集中采购等综合性业务。其中新开发的灯具集采业务，从客户确定采购需求、询价、签订合同、送样确认到完成采购，用时一个月，虽然这一单整体业务量不大，只有十几万元，但这是我们第一次做这类服务，除了让业主满意，完成销售，也形成了利润。更重要的是积累了经验，为后续的业务开展奠定了良好开端。

为了更有利于拓展业务，我们加入了四川省照明协会文旅灯光专委会，深度参与文旅灯光行业市场。

截至 2019 年，在光影与文化融合业务方面已形成销售 120 万元，另有 400 万元左右的销售业务正在商务对接中。

二、加强创意开发，提升文化内涵

文创产品是指依靠人的创意智慧、技能和天赋，借助于现代科技手段对文化资源、文化用品进行创造与提升，通过知识产权的开发和运用，而生产出的高附加值商品。

（一）做文创，让光影飞入寻常百姓家

目前在开发的“灯笼＋光影”产品，希望让起源于2000多年前、经过不断传承与发展，时至今日仍然象征团圆意义的红灯笼与激光动态投影相结合，提高传统灯笼的观赏性和趣味性，让寻常百姓家的红灯笼平添几分创意与新颖。该项目正在与灯笼厂家进行量产对接。

此外，还计划将石狮子（起源于汉代）、不倒翁（首现于唐代）与灯光（发明于第二次工业革命）相结合，开发一款照明灯具。这款灯具将是稳重与摇摆的碰撞，更体现文化与科技的融合，美观实用的同时也带来美好寓意。我们还准备将当前火热的无线充电技术融入到产品中，从而使产品的实用性和科技感大大增强！

（二）选IP，为客户量身定制文化符号

在开发产品的过程中，利用光影技术传播文化的同时，我们也深入挖掘国内外客户需求及当地传统文化，提取IP形象，为客户量身定制需要的文化符号。如国内某项目，我们深入挖掘当地东夷文化内涵，选取了“鸟官”这个IP形象，并赋予动态设计，以故事内容来丰富品牌并加深产品的文化内涵，为客户定制专属的文化符号。针对国内市场的春节季、国外市场的圣诞季产品，按客户需求开发设计，现已开发出“百福临门”“连年有余”“喜鹊登梅”，“圣诞老人”2018款、2019款、2020款等40多款动态投影产品，为国内外传统的节日主题形象注入新的活力。

三、开展品牌建设，树立品牌形象

“中新光链”是公司的品牌标志，其寓意为“以光学显示技术为基础，链接文化创意内容”，从确定商标品牌到注册成功，用时十个月。目前，“中新光链”品牌已经在光学产品中实行全覆盖，包含光学元件、各类照明产品等，所有销售出的产品、发给客户的样品都有“中新光链”标识。后续在设计开发服务、知产服务、出版交流等领域也会以“中新光链”品牌进行业务拓展。

中新联是中国出版集团旗下具有科技制造和文化传播双重职能的企业，利用新科技在新内容、新载体、新表达形式和新传播方式的创新和融合上下功夫，加大科技创新和内容创作，并把二者有机融合后形成高质量新产品，将是我们的核心竞争力。

科技是硬实力，文化是软实力；科技创新满足器物需求，文化创意则直达内心、打动情感，满足精神文化需求。在今后的市场拓展和产品开发上，我们将进一步丰富产品线，逐步建立自有品牌，与现有景观灯具深度融合，重点开发独特的照明亮化设备以及文创光影产品。通过市场拓展和开发，挖掘客户需求，找到业务增长点；通过产品设计研发，根据需求进行创意设计，让产品有灵魂有内容。

初心领航新征程，使命铸就创新梦。让文化拥抱科技、让科技融入文化是中新联的创新梦，也是中新联实现高质量发展的战略目标。这条科技文化融合之路任重道远。在集团领导和集团各部门的支持下，中新联全体干部员工将为实现梦想而努力奋斗！

构建数字媒体新型产品线
推进数媒公司高质量发展

中版集团数字传媒有限公司　金慧珍

党的十九大报告指出，我国经济已由高速增长阶段转向高质量发展阶段。在高质量发展要求下，我国文化产业进入产业变革与升级、文化消费模式和需求变化的新时期。文化、科技融合成为文化产业最重要的发展动力。数媒公司为顺应时代发展，始终坚持深化改革，不断优化公司组织结构，调整业务结构，逐步推进公司精品内容、多维运营、先进技术和人才队伍等全面融合。经过几年的实践，公司从2015年开始盈利，定位精品数字内容综合服务商，开展四方面业务：版权业务即数字文化与教育业务、动漫业务、音视频业务、产品技术研发业务，并取得了良好的“双效”，2018年公司营业收入7142万元，利润435万元，其中特色漫画业务、数字文化与教育业务，成为数媒公司的主营业务板块。

中版集团数字传媒有限公司坚持以“内容融合互联网技术，创新驱动高质量发展”的经营理念，以高新技术为支撑，以精品数字内容综合服务商为发展方向，加强建设高质量的内容、高质量创新型产品线、高质量运营渠道和高质量人才队伍，推进公司高质量发展，完成出版转型、媒体融合的重要使命。公司围绕着“一网二系统三平台”的建设思路开展业务，促进传统出版和新兴出版融合发展，为数字文化创新发展提供综合服务。

一、加强建设高质量精品内容，夯实高质量发展数据基础

高质量内容建设是出版融合发展的核心环节。公司从源头上加强对内容资源的把关，从版权、内容质量、传播能力、题材创新、制度建设、社会和文化影响等全方位对内容资源全面审核。通过版权合作和自有版权的生产获取高质量精品内容，以市场和项目为驱动，融合技术搭建资源管理平台、大数据挖掘和分析系统，完成对内容资源进行采集、清洗、加工、标引、存储、共享和交易整个工作流程，为市场化运营提供支撑，逐步形成公司内容动能最强的软实力和核心竞争力。

二、加强建设高质量创新型产品线，提升核心竞争力

随着 5G 商用步伐加快，人工智能、大数据等技术将

实现媒体融合更深层次的蜕变，数媒公司利用技术驱动，紧跟时代脚步，基于现有业务，完善各个产品线的同时，以用户需求为中心，不断整合内容，围绕“一网二系统三平台”的建设思路，培养爆款产品，使公司精品内容资源得到最大限度传播。

一网即综合运营网，通过精品数字内容综合运营网推动我国数字出版行业新生态的建设，即统一用户管理及用户的需求标签与知识精准推送运营；二系统即资源库、大数据挖掘和分析系统两大基础系统。通过资源库为公司提供内容版权管理、数字内容管理和运营管理，为各个平台数据提供出处和版权依据。通过大数据内容知识挖掘与分析平台为公司建立知识体系，目前已形成了近300万个知识单元；三平台即智慧阅读平台、动漫文化平台和数字化教育平台。

1. 智慧阅读。旨在创造多形态多场景阅读体验，最大限度将公司优质内容送达终端用户。公司依托先进技术，研究产业链上下游用户、产品和服务，以提高用户体验、提升效率等方式提高市场竞争率，研究细分用户，打造针对特定细分领域的爆款产品，为公司在行业提供新的增长空间。同时，通过多终端无缝连接、全场景满足ToB、ToG和ToC用户需求，全面提升公司经营收入。目前，公司这条产品线每年收入稳中有升，趋势向好。未来公司将从不断向ToB、ToG业务调整，逐步实现ToB再

ToC 的布局。

2. 动漫文化。动漫文化产品线为公司提供了近 2/3 的收入，近几年发展迅速，通过平台支撑公司动漫文化产业新模式新业态，赋能动漫传播运营及衍生产品消费，促进动漫与相关产业融合发展，以进一步延伸动漫产业链和价值链。目前，公司已经签约 1800 余位漫画家，获得 1000 余部动漫作品、10 万余幅漫画图片版权，实现了一定的资源储备。未来公司将从纯内容传播向产品赋能衍生品开发和消费调整。

3. 数字化教育。在数字化教育产品线上，重点布局“人工智能 + 教育”，2019 年公司通过智慧教育相关项目已与教育渠道建立链接。未来公司将运用“人工智能 + 物联网”技术，为公司内容赋能，助力数字化教育产品建设。

三、加强建设高质量运营渠道，拓宽内容服务模式

数媒公司利用现有精品内容，通过云计算、云存储技术，采用多种服务形式，拓展多渠道运营，构建了一个面向融合出版、覆盖全国范围的大容量云存储数据内容分发平台。目前，公司基于平台建设沉淀用户取得较好的效果，但是基于用户画像，通过不同模型和算法实现对用户行为轨迹分析方面做得还不够，因而在精准营销及面向用

户的智能化服务方面还有待提高。未来通过筑牢已有数字文化、文化扶贫、数字教育、主题书柜、数字军营等渠道阵地，积极拓展更多渠道，依托公司多网络渠道和多终端设备传播渠道，逐步从 ToC 业务向 ToB、ToC 业务调整，收集用户数据，结合大数据和云计算技术对用户数据进行深度挖掘和分析，实现精准推送内容，增加用户黏性、提升产品和运营的变现能力，增强公司品牌影响力。

四、加强建设高绩效人才队伍，引领和保障高质量发展

公司不断改革创新人才机制，以高质量人才引领和保障公司高质量发展。注重人才引进，数媒公司面向出版及互联网公司全面引进优秀人员的同时，注重公司内部人才的培养和选拔，不断完善选人用人机制，优化组织机构。公司以绩效考核为抓手，努力提升考核用人机制，增强目标导向，激发员工活力，力求打造一支积极创新、实干担当的高绩效团队。

在文化产业高质量发展的大背景下，我们要始终“不忘初心、牢记使命”，在工作中不断学习，不断超越，为建设主流出版型、融合发展型、国际传播型的“三型集团”贡献自己的力量！

2020年

走融合发展之路　探索出版的边界

——以传统出版业中的文创板块为例

人民文学出版社　王琬舒

传统出版业在近年来面临诸多挑战，如何在这样的局面中逆势生长成为了出版业持续探索的课题。目前，许多国际大型出版企业都在从单一出版业务范围逐渐转型为立体的文化服务企业。可见，融合发展是建成现代化一流文化企业过程中的重要一环。

近年来，以故宫文创为代表的博物馆文创陆续涌现，文创这一新兴产业逐渐进入大众视野，以文化 IP 为核心的产品也受到越来越多的关注。与博物馆文创不同的是，出版业文创是以内容 IP 为基础的，它的形成是一个将文学与文字具象化的过程，存在更多可发掘的元素以及更广阔的发挥想象的空间。

一、文创产业时代背景

文创产业是文化创意产业的简称，是一种在经济全球化背景下产生的以创造力为核心的新兴产业，它强调主体文化通过创意和产业化等方式对知识产权进行开发和营销。出版行业作为国家文化产业中重要的组成部分，与文创产业的结合便是一种创新性融合发展，它是一种探索，也正在成为一种趋势。

二、探索出版业自身优势

当代文化产业发展的典型特征之一是通过创意和设计实现与相关产业的融合。出版业文创必定与出版物有所关联，同时发挥着为出版物提升附加值的作用。它们既可以附在出版物上一同进入市场，也可以以独立的产品形式在市场中发挥价值。因此，出版社要善于利用自身的优势发展文创：

1. 内容优势。对于出版社来说，内容是最核心的资源，所以我们应该思考如何充分利用这些资源。以人文社为例，文学 IP 的本体内容是文字，并不具有直观的可视性。我们可以通过对 IP 数据库的整理将传统的文字性的文学 IP 可视化，再通过丰富的想象和视觉艺术加工，让这些 IP 成为实体产品，使文学不拘泥于文字这一种表现形式，变得更加具象，努力将 IP 资源的效益最大化。

2. 品牌优势。以人文社为例，它是一个拥有较高市场认知度的老牌出版社，具有发挥品牌优势的基础。我们需要在不断推出高质量的出版物来保持自己的品牌优势的同时，用一系列年轻人喜爱的出版物和文创产品形式，让品牌更加年轻化。在逐渐形成独特的出版品牌的同时，通过与文创产业的结合，充分发挥品牌的文化价值和经济价值。

3. 读者资源优势。出版社的客户资源主要是读者，长期关注和喜爱某一出版品牌的读者都是其潜在的客户群体，很可能也是最先接触并了解相关文创产品的群体，我们需要做的是在策划创意产品时，能站在读者的角度思考内容的呈现形式，结合现有版权资源和读者结构，让出版物与文创的结合有的放矢，从而利用客户资源在现有客户群体的基础上扩大受众范围。

三、实践案例分析之“正子公也三国·水浒原画礼盒”

人文社和日本著名插画师正子公也联合打造的“正子公也三国·水浒原画礼盒”于 2020 年 8 月 6 日晚 7 点在摩点众筹上线。众筹金额在一分钟内突破 10 万元；一小时突破 30 万元；一天的时间，原计划参与众筹的 3000 套礼盒售罄，最终众筹金额达到 335 万元。

此次的礼盒中包含了两本正子公也精装画册、三国水浒系列周边产品以及众筹档位解锁产品，同时正子先生也全程参与监修图书的印制流程。此次众筹在漫画、游戏、收藏甚至卡圈掀起了一阵“回忆杀”热潮，这是我们在项目筹备阶段不曾预料到的，也是在出版文创中一次具有纪念意义的“出圈”。

本款礼盒最初的卖点其实是两本画册，但在众筹开始后我们渐渐发现，受众对于其中的水浒 108 将英雄闪卡有更多兴趣点和更高关注度，这也成为了本套礼盒“出圈”的重要条件之一。同时，本产品也让在中国知名度并不高的日本画家正子公也被更多人熟知和喜爱。

由此可见，以经典文化 IP 为核心的产品开发存在无限可能和许多未知的惊喜，每一次的大胆尝试和开拓都是为以后的产品、渠道及品牌的建设积累资源和经验。此外，优质的 IP 文创产品在一定程度上还可促进其相关出版物、出版人甚至相关 IP 文化圈的知名度与发展。

四、传统出版业的融合发展

文化产业与其他产业融合发展，就是要深入挖掘内容价值，满足消费者日益增长的文化需求。

集团中多家下属出版机构都拥有众多宝贵资源可供开发，可根据主要资源风格培养自己的品牌形象以拓展产品开发领域。发展文创需要对传统工作思路进行取舍，从市场、消费需求、审美等角度出发去考量。文创产业贵在创意，要始终努力保持自己的典型性和差异性，坚持立足优质内容，整合文化资源，并充分利用各种渠道优势延伸产业价值链条，大胆孵化有价值的 IP 资源，实现文化商业利益的最大化。同时，也要将出版社自身的资源优势与消费者的内在需求统一起来，这样才能准确把握方向，使出版社的文创之路走得通畅。

总体来说，文创在出版业中还算是一项新业务，依然处于在不断的试错和探索中积累经验、明确发展方向的阶段。探索的过程总是机遇与挑战并存的，要在勇敢尝试中寻找最适合的路，让这一出版业中的新兴产业以充满活力的姿态探索出一个健康的融合发展方式和更多创新的可能。

不想做主播的融媒“美编”不是好责编

——论当代斜杠青年的自我修养

商务印书馆　郑佐之

拿破仑有一句名言：“不想当将军的士兵不是好士兵。”2010年，一本《不想当厨子的裁缝不是好司机》横空出世。书名瞬间席卷网络，成为斜杠青年的座右铭。何谓斜杠青年？就是同时拥有多重身份的青年。这类人在向别人介绍自己的时候，总是用斜杠“/”表明自己的身份。比如张三，就是“厨子/裁缝/司机”。

论到自身，我们也可以不再只是案头的编辑，还可以是策划人、设计师、办会者、主播。未来为我们提供了无限种可能，就看我们敢不敢接受挑战了。今天，我也想和大家分享一下，我这名斜杠青年的一点心得。

一、做心里装着读者的责编

作为一名编辑，我最重要的事情就是脚踏实地做好书稿编加工作。

2020 年，我有幸加入《新华字典》字帖项目。很多人以为编加字帖很简单，其实不然。字帖很薄，却暗藏玄机。为了让学生们在用字帖时能够学到更多知识，我们设置了许多功能，并精选了《新华字典》（第 12 版）的释义。可在拿到原稿的时候，我时常陷入莎士比亚的困惑——改，还是不改？这是一个难题。比如造句，有些句子好像没有错，但读起来又很别扭。怎么办？我的读者是青少年，如果他们学会了这些不规范的用法，那我们岂不是误人子弟了？我们有义务在造句中，给他们树立榜样。所以最后，我还是选择了改。我想，这就是我们手握红笔的使命所在吧！

二、做心里想着消费者的美编

论到当代斜杠青年的自我修养，我想其中之一应该是“危机意识”——当全世界都在进步，我的原地不动是否会成为一种退步？不过我很幸运，我的工作内容鞭策着我不断突破。

入职后，我开始负责汉语中心的微信公众号。为了顺利制作推文、运营公号，我掌握了版面编排技术，并且学会了制作 Logo 和简单的立体书影，更将绘画、剧本创作、视频剪辑等特长发扬光大。我有时候也会开玩笑地说，我成为了汉语中心的“美编”。也许这是一种无奈之举，但换个角度想，这何尝不是一种机缘巧合呢？

可能有人会说，公号的推文大可不必做得如此。但我们面向的是一批爱书、爱语言、爱生活的消费者。当我们用他们能够接受的方式准确地展现图书时，他们停留的时间就长了，选择我们图书的可能性也就更大了。

此外，我还参与了图书宣传视频的拍摄，比如《小学生彩图字典》《新华字典》配套字帖的解说视频。但在调研过短视频平台后，我发现了一个更大的市场——许多达人通过拍摄剧情类视频植入产品。于是，我也许下了一个更美丽的愿望——通过剧情类视频，展现我们图书的特点。只要我们敢想敢拍，这终究不会只是一个梦想。

三、做心里念着粉丝的主播

斜杠青年的人生就像在闯关——只有不断解锁新技能，升级装备，才能通往新关卡。只是我们都有一个心愿，在变强的同时，还能保证不秃。

编辑在做选题的时候，需要有编印发的全局观。现在，我们又需要 get 一项新技能，去面对新的难关——直播带货。

2020 年我有幸做了两场直播，效果不错，但如何能做得更好？在观看大咖们如何做直播后，我得出了一个经验：编加书稿，打造经典；宣传视频，营造亮点；直播带货，制造卖点。即戳中痛点，从粉丝的角度考虑，在真实、真诚、真心的基础上，把产品变成必需品，同时提高性价比。我们可以借鉴李佳琦的直播方式——仔细介绍产品，全面说清用途，压低价格，豪送赠品，吸引直播间的“所有女生”。其实，我们也可以让图书和粉丝发生切实的联系。比如学习好，可以翻“商务馆小学生系列辞书”；想要口才好，可以看“口才宝”。

多元的社会需要多元的人才，不固步自封，不安于现状，努力走出舒适圈，方能在历史的浪潮里站稳脚跟。当代的斜杠青年既要顾全大局，也要注重细节；既要守住正统，也要吸纳新鲜事物；既要精深，也要广博；既要有广阔的胸襟，也要有长远的眼见。追求全能，更追求专业；追求不凡，更追求卓越。

入馆两年多，我看到了百年老店历久弥新的一面，我相信商务也从我身上看到了青春的影子。这些年，有欢笑，有泪水，相信以后会越来越精彩！

加强党建引领　提升社会效益

——以中华书局为例

中华书局　刘冬雪

中国出版集团是出版的“国家队”。“国家队”意味着需要承担更多的社会责任，在提升社会效益方面必须有更高的追求。在这一过程中，党组织的力量不容忽视，特别是基层党组织。可以说，党建引领力是企业提升社会效益的助力。青年人是最有活力和创造力的群体，基层党组织如注重团结青年，积极融入时代发展，定能助力企业提升社会效益。以中华书局为例，建议在以下四个方面进一步发力。

一、增强“四力”教育实践，以担当精神培育有担当的青年

出版是宣传思想工作中至关重要的一环，贯彻中央精神、增强“四力”教育实践为应有之义。基层党组织应勇

于担当，积极工作。作为集团下属单位一个普通基层党支部的支委，我尤其能感受到源于基层的活力，很多都是同龄人传递给我的。基层党支部应利用基层优势，严抓“四力”教育的落实。青年人有热情，积极要求进步，基层党支部应对广大青年加强引导。如遇到困难，需要寻求支持和帮助，除向党委反映外，还可以请参加“根在基层”调研实践的青年干部协调解决。青年之事由青年人来办更有针对性，且青年干部大多愿意在生产一线多跑腿、办实事、解难题。党组织应以担当精神培育有担当的青年，首先基层党支部支委会成员应勇于担当。此外，还要具有较强的执行力，能够维护内部团结，带领支部团结群众，特别是团结青年。

二、一切从实际出发，发挥基层党组织战斗堡垒作用

加强党建引领的重点之一是发挥基层党组织的战斗堡垒作用。集团下属各单位情况不同，比如在人员构成、主营业务、发展方向等方面存在差别。这就要求基层党组织一切从实际出发，根据本单位特点开展党建工作。中华书局是出版社中的百年老店，图书质量直接影响品牌声誉。企业社会效益的提升离不开优秀的编辑。随着老一辈编辑的离退休，书局近年来聘用不少年轻编辑。基层党组织在团结年轻编辑、提高政治敏锐性、树立正确出版导向意识

的过程中有能力发挥出更大的作用，这也是党建与业务相结合的突破口之一。此外，北京市丰台区志愿服务联合会即将成立，书局作为驻区重要文化企业，将推荐员工担任会员代表。会员代表应与各党支部及青年理论学习小组加强联系，运用样书额度奖励、提供内部培训学时等激励手段推动青年员工积极参与志愿服务。

三、将“以党建带团建”落到实处，创新党团共建形式

在编辑年轻化趋势下如何擦亮百年老店的招牌是书局领导一直关心的问题。各党支部可以联合团委定期开展党团共建活动，为编辑部、发行部和市场部的年轻人提供一个讨论如何做书、卖书、推广书的平台，并邀请老员工分享经验，参与年轻人思维的碰撞。此外，青年理论学习小组也可以进一步发力，接过大学团学组织的接力棒，为青年员工自我服务、自我教育、自我管理、自我监督提供一个良好的平台。发挥实效关键在于管理，可设置管理机构统筹安排各小组的活动，特别是加强组与组之间的沟通。还可以联合集团内外其他单位开展共建活动，这样能相互启发，实现政治思想与生产业务的双提升，切实增强党建引领力，将“以党建带团建”落到实处。

四、以历史底蕴凝聚共识，积极融入时代发展

书局创立于1912年，历史底蕴深厚，应充分利用这笔伟大的精神财富凝聚共识，推动书局发展，提升社会效益。引导弘扬正能量是基层党组织的重要使命之一，可以党建为抓手，加大局史宣传力度，使党员干部团结带领群众，统一思想认识，以供职于中华书局为荣。此外，积极融入时代发展至关重要。坚决打赢脱贫攻坚战、决胜全面建成小康社会是党中央部署的重要工作。书局第一党支部与青海省泽库县王家乡红旗村开展扶贫共建活动，以文化扶贫助力冲刺全面脱贫，已有针对性地捐赠一批图书、文具等。传统文化如何走进像泽库县这样的偏远民族地区，以增强中华民族的凝聚力和向心力，一直以来都是相关学者上下求索的课题。书局聚焦传统文化方向的出版，对文明的追求与信仰以及对社会的责任与情怀是百余年来不懈的坚守，应努力为传统文化在民族地区的传播和发展作出更多贡献。

与子携行　共创共赢

人民音乐出版社　杨济如

首先请大家回想一下：在早高峰拥挤的地铁车厢里，你是否有过猛吸小肚子踮起脚尖试图把自己塞进门缝的无奈？进了写字楼，你是否会有一些时间紧、无头绪的关卡总是追在身后；出了写字楼，你是否依旧要面对房租房贷、抚育子女、赡养老人等一系列问题；面对这些常态，你是否感到过焦虑？

2020 年 8 月，我们课题小组围绕“香山论坛”开展主题调研，面向我社 40 岁以下青年员工进行问卷调查。令人惊讶的是，在调查结果中有 50% 的青年员工偶尔会感到焦虑，更有 25% 的青年员工经常会感到焦虑和抑郁，似乎不焦虑已不足以谈人生。基于议题，面对现状，我想从以下三点来谈。

一、注重人文关怀，增强青年员工职业韧性

在节奏日益加快的社会大环境下，青年员工面对的生活压力与工作压力也在不断加大，提高职业韧性便显得格外重要。职业韧性一方面体现在青年员工的抗压能力上，另一方面则体现在青年员工对自身职业规划与对企业发展的责任心上。

调查数据显示，摆在青年员工面前的三座大山是：缺乏市场调研经验、成本核算能力不足、文字功底薄弱。困惑摆在面前，但令人欣慰的是，在关于职业规划的调查中，有 45% 的青年员工有中长期职业规划，27% 的青年员工有短期规划。可见，青年员工面对压力是想要做出调整与改变的，我们希望在生活中能获得更多切实的帮助与指导，在工作中能有更多自我提升的空间与渠道。针对以上情况，目前我社已经出台了关于员工继续教育培训等管理制度，开展了关于业务全流程的培训，旨在鼓励和支持全员不断提升专业知识，促进职业发展，鼓励青年员工走出去，学同行，迈开脚步，放远眼光。

二、助力员工成长，推进一专多能人才建设

说到一专多能，不禁想到联想集团的郭为，刚工作的 12 年里他换了 11 个岗位，在公关部做过最零碎的工作，也被柳传志派到生产基地学过盖厂房，这些棘手的工

作当时很多人都不愿意做，但郭为接手了，并出色地完成了。在数不尽的磨砺后他成就了自己，也成为联想集团的传奇。

企业的成长机制会为员工带来发展机遇。从以往的传统出版到今天的立体化运营，其实都是在为各个岗位的青年员工提供更多的探索领域。黄志坚同志指出，集团的未来在青年，创新、转型、融合发展的动力在青年。在关于员工最需要培训的调查中显示，我们的青年员工最需要获得的是专业技能培训，可见大多数青年员工都十分关注自我成长与发展。“九层之台，起于累土。”从“一种产品多个形态”的想法到实施，从系列视频的录制到专业知识的分享，再到线上培训合作等一系列举措，都是我们践行立体出版的点滴，承载着我们要更好地为读者服务的初衷。青年员工将继续借力新媒体、新技术，建立更具传播力和影响力的品牌矩阵。

三、提高管理认同，实现企业员工和谐共赢

一个耳熟能详的故事——龟兔赛跑，难道乌龟和兔子真的只跑了一次？当然不是。第一次乌龟赢了，是兔子大意了；第二次兔子赢了，是兔子认真了；几个回合下来乌龟和兔子商量了一下，决定优势互补。于是，在陆地上兔子背着乌龟跑，过河的时候，乌龟驮着兔子游，最后它们一起到达终点，这就是共赢。其实在我看来，这个议题就

是要讨论怎样改善自身与环境，把员工与企业的潜在优势转化为现实优势，从而实现共赢。

问卷中在关于上下级关系的问题中，有75%的青年员工非常看重领导的指导、鼓励和关怀；有74%的青年员工希望任务分配能明确清晰，有发挥空间与自主权。企业针对青年员工的需求制定相关政策，对提高企业运营有重要的作用。良好的企业文化可以增强员工对企业的认同感与归属感。在调查问卷中显示有73%的青年员工对我社有较高的归属感，而吸引大家入职的原因，大多是因为岗位专业对口、央企平台资源丰富、稳定的福利待遇等。可见大家对我们的企业文化有较高的认可度，这样便能让我们的职业规划与企业发展更好地融合。

集团领导指出："要加快培养政治坚定、业务精湛、堪当大任的时代新人，努力造就规模宏大、结构优化、素质优良的干部人才队伍，为建成'三型集团'、成就'中版梦'奠定坚实基础。"100多年前，梁启超先生曾说："今日之责任不在他人，而全在我少年，少年强则国强。"100多年后的今天，套用这句话讲，企业强则青年强。企业赋予青年的价值感，可以让青年轻装上阵。在历史的洪流中，我们也想骄傲地说：中国出版集团强因为中国出版集团青年强，中国出版集团强则中国出版集团青年更强。

搭乘互联网发展快车道
适应移动消费新场景

——直播与出版行业融合发展的思考

新华书店总店　刘小雪

我们先看一组数字，“83%，90%，60天”，大家看到这些数字会想到什么？

2020年年初新冠肺炎疫情的爆发，使得图书发行行业受到了前所未有的影响。以新华书店为例，2019年第一季度全国新华书店的营业收入为49.43亿元，2020年第一季度仅有8.55亿元，收入下降83%，疫情导致全国90%以上的新华书店停摆1—2个月。

大家看第二组数字，“9亿，36亿”。全国有9亿多的智能手机用户，而全世界智能手机用户是36亿。

大家看第三组数字，“100场，327万，598万，6846万，340万”。

磨铁图书2019年组建了第一支专业直播团队，如今在五大平台每个月直播100余场，带货收入达百万元以上；2020 年 6 月 21 日，樊登读书 3 小时的直播，图书销售额 327.55 万元；7 月 3 日，中信邀请邓文迪对话梅耶·马斯克，观看人数 598 万，相关话题阅读量达 6846 万；7 月 19 日，生活·读书·新知三联书店在北京三联韬奋书店举办的图书专场直播活动，观看人数 70 余万，图书销售 340 万元码洋。

这几组数字体现了出版发行业在特殊形势下积极探索的成果，借助互联网科技积极寻求传统发行之外的新型营销与推广方式，而直播成为了重要推动力。

阿里研究院《2020 淘宝直播新经济报告》的数据显示，淘宝直播成交金额增速 Top10 行业中，图书音像位列第三，仅次于汽车和大家电。据此，网络直播媒体传播形式在实践中充分证明了对图书出版的影响力，图书直播正逐渐成为新的趋势和潮流。

“于变局中开新局”是我国应对疫情中复业复产的总要求，出版发行业当然也不例外。视频直播与传统线下销售相比有传递信息量大、体验场景广、互动性强等优势，同时可以建立社交链条，产生社交裂变，带动上下游的发展。

那出版发行行业在利用直播转型发展的优势又在哪里呢？一是专业性强，选品有保障。专业编辑对所售图书“知根知底”，营销及售后团队可以打造成熟的完整的视频直播销售闭环。二是营销具有针对性。出版社已树立自己的“人设”，形成成熟的消费群体与目标用户群，制定更加有特色有针对性的营销策略。三是出版行业可靠的品控与质量保证。出版社对图书商品直接负责，质量有保证，对商品更有把控力。

刚才说了优势，那劣势呢？一是网络直播对图书产品类别有所限制，一些学术类及晦涩难懂的图书在直播中很难得到较大的反响。二是网络直播中的商品特点之一是低价，图书盈利空间有限。三是相比其他行业成熟的直播模式，出版行业目前主要缺少专业的直播人才与团队，在售卖与宣传图书的同时，应建立相应的文化宣传体系。

那在了解出版发行行业与视频直播融合发展中的优劣势后，我们出版行业应该怎么做呢？如何扬长避短，长效发展？我想可以从以下方面进行尝试：

一是与直播大V合作推广、营销带货。利用直播大V已经形成的粉丝力量与专业直播体系，将人气引流到图书上来。二是注重品牌的宣传推广。不局限于卖货，要“卖”作家、“卖”主编、“卖”社长、“卖”品牌、“卖”文化。三是打造以图书为基础的文化体系。在传播文化的同时，做优质内容的输出者、优质品牌的树立者、优秀文化的传播者，促进全民阅读与书香中国的建设。四是建立健全直播内容安全与审核机制。保障内容安全，才能保障图书直播的长久发展。五是探索图书发行行业具有自己风格和氛围的直播体系，推动行业直播政策规范与经营规范的制定。

在直播的大形势下，新华书店总店也做了积极探索。依托新华书店网上商城创新经营理念，建设新华直播平台，推进建设有声书、视频直播、知识付费等形式的整合，形成线上线下融合一体的营销新形态，逐步建设适应互联网发展趋势的优质出版物和专业知识服务相结合的新型发行平台，为出版发行业做出探索。

习近平总书记指出：“移动互联网已经成为信息传播主渠道。”出版产品与服务必须走入主渠道，才能服务更多的读者，才能发挥更大的作用，也才能获得更大的发展。我们出版发行行业一定要紧跟时代步伐，创新技术应用，积极探索直播等互联网新技术，带动经营发展，服务广大读者。未来，我们出版人大有可为！

化危为机　整合打通

——“首届中版好书全球云展销大会”的策划与创新

中国图书进出口（集团）公司　邓南茜

众所周知，新冠肺炎疫情给全世界都带来了巨大的影响，传统出版业深处其中，经受着严峻的考验。为化解疫情带来的不利影响，满足疫情期间海外对数字产品持续增长的需求，结合业务实际和海外市场关切，我们为此打造了全新“走出去”项目——“首届中版好书全球云展销大会”。

“中版好书全球云展销大会”由集团发起，中图公司具体实施、集团下属各出版单位密切配合。通过利用互联网和新技术，充分发挥中图公司作为集团“走出去”主力军的作用，将集团所属各社优质内容资源与中图公司丰富的海外渠道有效对接、融合打通，创新出版物出口和“走出去”模式，助力中版好书品牌建设的同时，持续提升集团的国际影响力。

活动以集团建设“国际传播型集团”战略目标为引领，特别打造了“中版好书库”专属电子书平台，将集团近年的精品图书汇聚在“中版好书”的品牌下，通过云展销的方式，向海外各高校图书馆、公共图书馆、全球主流电商平台等进行集中的宣推展售。在为期三个月的展销期内，我们分阶段设计了不同形式的线上主题展销活动。

在为期三个月的活动里，项目也通过“四个打通”来整合联动，推动了服务升级和融合发展。

第一个打通是打通海内海外。活动充分利用互联网和新技术，创新对外贸易模式，通过云端展销的方式，打破疫情之下国与国之间的空间隔阂，打通海内外市场，持续不断地向海外提供优质中文资源。

第二个打通是打通线上线下。此次云展销线上活动与线下上海书展相结合，向海外录播书展现场有关名家签售、作家交流等主题文化活动。

第三个打通是打通纸电，实现了纸电销售一体化。依托中图公司多年来在数字化方面的探索和积累，借助“中版好书库”和“中国出版物采选平台”实现纸电资源同步上线。

第四个打通则是打通集团的内部资源优势，推动集团旗下各出版单位优质内容资源与中图公司多年来所积累渠道资源的有效整合。将集团下属各单位近年来的精品图书资源整合汇聚在“中版好书”的品牌下，集中向海外学术和大众市场推出万种中版好书，打造新型合作共赢模式。

我们以中图公司的渠道资源为基，创新突围，积极开拓，通过举办云展销大会打造的全新线上会议模式，得到了业内的广泛关注。我们也通过持续不断地改进学习新技术，使我们现在的线上办会水平更为专业。这种新的会议形式不仅得到了业内的认可，也成功“破圈”，吸引了其他行业的关注，创造了新的商机。活动之后我们收到了来自德国知名医药企业费森尤斯公司的线上办会邀约，并成功为其承办数场线上会议。

“十四五”规划里提到，用好数字经济战略机遇、牢牢抓住数字经济红利。从全球看，数字技术是变革的核心驱动技术，发展数字经济已成为打造经济发展新高地、应对国际激烈竞争、抢抓战略制高点的重要手段。站在历史的重要关口，面对疫情带来的影响，我们所面临的挑战前所未有，机遇也前所未有。勇立潮头御风行，击鼓催征稳驭舟。善于学习新技术，通过互联网技术来激活中图公司丰富的渠道力量，科学应变、主动求变，我们定可从眼前的危机中创造机遇、勇开新局，为集团的国际化工作打下坚实的基础。

守成者难有出路，奋进者更有未来。我相信并且也坚信，在集团的带领下，各家单位都会通过不懈的努力和探索在危机中育新机、于变局中开新局，拨云见日终有时，守得云开见彩虹！

练就慧眼强“四力” 融合发展献好书

现代教育出版社 于文倩

古人云“志向所趋，无远弗届，穷山距海，不能限也”，就是讲意志所向，不管多远，没有到达不了的地方，即使是山海尽头，也不能限制。这件当时只有“志向”能做到的事，现在轻而易举便可办到。坐在家中便可“云”游世界，“云”看展，“云”开会，看到千里之外的风景，读到来自全世界的优秀书籍，聆听远在海外的老师教诲。

数字全媒体时代，出版业的融合发展对我们来说既是机遇也是挑战。传统时代找到用户就能生存，数字化时代找到精确的用户数据才能生存。电子书、短视频、有声书、知识服务等产品层出不穷，VR、AI 技术也登上舞台，和图书融合，为图书服务。

集团提出努力打造主流出版型、数字融合型、国际传播型的“三型集团”，“数字融合”的趋势成了定局。现教社也跟着转变思路，“数字融合”被提上了日程。

首先是设立数字中心，购置了服务器、存储器等多种设备，聘用有经验的数字技术人才，各部门配合进行了图书资源库等基础资源库建设，为探索数字融合打下基础。紧接着，是结合自身特点和优势，找准重点、切入点。我们知道，只有好的内容，融合发展才能起到画龙点睛的作用。现教社以“少儿、教育”为主线，精心打造“大阅读”和“教材教辅”两大板块，积累了许多优质的内容资源。现以“大阅读”板块中的《北大阅读课》为例，分享我社媒体融合探索的历程。

《北大阅读课》是一套作者团队耗时十年、出版历时三年的阅读类书籍。在团队的努力下，疫情期间按时出齐了全24册。该套书契合当下国家提倡全民阅读的大环境，从培养阅读兴趣和习惯入手，从内容、体例、“领读者”阅读理念各方面都进行了创新。在选题策划之初，现教社就将这套图书定位为“数字融合”的项目，一边打磨内容，一边和各方商榷融合创新的方式。

融合发展最基础的方式是转化为电子书，让读者能够在线阅读，不用带着厚重的书本奔波。第二种方式是将《北大阅读课》选文转换为有声读物，邀请专业的播音员录制朗读音频，让阅读变成耳朵的“盛宴”。在喜马拉雅听书上搜索“北大阅读课”会发现很多家长和小朋友成系列地自发录制了音频，稚嫩的声音听起来可爱有趣。第三种方式是现教社和好未来集团共同开发了“北大阅读课”系列课程，挑选教学经验丰富的教师录制课程内容，以“短小精炼”为特色，十分钟学习一首古诗、听一篇童话、了解一个作家，让孩子感觉到：学习语文并不困难，看视频、听故事，随时随地学语文。所以好多学生也叫它“十分钟乐享阅读”。

说到融合发展，就不能不提当前大火的新媒体。现教社紧跟潮流，着手打造公众订阅号、短视频平台、销售平台、微博平台、直播平台。以《北大阅读课》为例，针对这一套书我们在“现代教育出版社”的公众号中开办了两个栏目：为你读书和尚读。一个可以轻松愉快地听书，一个可以深入透彻地赏书。公众平台维护半年左右，收获了近两万粉丝，数量虽然不多，但是看着数字慢慢变多，那份成就感让我们觉得值得。六一儿童节我社依托微信公众平台策划了“童声传递诵读会”活动，募集来自全国小朋友的朗读视频，投票评出三等奖，收到的视频多种多样，公众号关注人数迅速增长。直播就更加有趣，我选择编辑行业时万万没想到有一天我会成为主播，坐在镜头前“张牙舞爪”。大家都没有经验，编辑、营销、作者齐上阵，大家关心什么我们就回答什么，琢磨家长和孩子的需求，每次都精心挑选一个主题，“双十一”时策划了“直播一整天”的活动，从早九点到晚五点，各个部门轮番直播，让大家都过了一把主播瘾。

另一方面，通过融合发展的探索，我们也感到了自身的不足：专业素质不过硬、不够了解市场需求、出版物多媒体融合没有提前布局等等。我们作为编辑队伍中的新生力量，缺乏工作历练和经验积淀，所以努力打造一副“铁脚板”，练就一双“慧眼”，培养一种思辨能力，磨砺一支“笔杆子”，全面提升自己的专业素质和职业素养是必须的，更要将加强“四力”的决心和毅力融入工作实践的方方面面。

着眼大局，融合发展献好书；着眼自身，练就慧眼强“四力”。我相信，每一次的转变都会成就一个新的自己，未知不可怕，没有勇气尝试才可怕。希望我们每一次回头，都能看到各位领导和朋友在我们身后，带着赞赏与肯定，为我们加油打气！

传承·融合·发展

——融媒体时代弘扬中华优秀传统文化的创新之道

中版文化传播有限公司　赵小峦

柳诒徵先生在《中国文化史》中说道："吾国书籍，代有进化。由竹木而帛楮，由传写而石刻，便民垂远，其法夥矣。"我们所在的出版业是一个古老的行业，它甚至包揽了中国古代"四大发明"中的一半。出版业既是优秀传统文化的组成部分，也是优秀传统文化传播的重要手段。

尽管我在中版文化传播有限公司这四年半的时间里，只做了运营"诗词中国"微信公众号这一件事，但我依然认为我是一个出版人。有些事，也只有把自己当作一个出版人，才能做好。那么，在传统出版份额被不断挤占的今天，出版人应该如何继续守望、弘扬中华优秀传统文化？关于这一点，我认为目前有两个方向可以探究。

一、与博物馆联姻，大有可为

说到博物馆，我们肯定首先想到 2020 年 600 岁的故宫博物院。近年来故宫在文创领域的成就有目共睹。比如 2018 年，解谜图书《谜宫·如意琳琅图籍》，众筹初始目标金额 100 万元，最终达成目标金额 2000 余万元，创下出版史上的奇迹。也许这种成功难以复制，但这种模式却值得借鉴。2019 年，陕西历史博物馆和陕西师范大学出版社等合作出版的《古董局中局：无尽藏》也是一本类似的解谜书，获得了比较不错的成绩和评价。同样在 2019 年，上海古籍出版社与旅顺博物馆合作出版的《梦影红楼》成为微信商城的爆款书籍，首发 3000 册秒空，随后 8 次断货。

从“出版 × 博物馆”的这些成功案例中可以看出，与博物馆联姻是具有可行性的。现阶段我们可以做的是，充分利用手中的优质出版资源，通过合作出版、产品代售、打通线下线上活动等方式，与博物馆进行“联姻”，以期更深度的合作——例如联合文创等。

根据高德地图提供的大数据显示，截至 2018 年 5 月，中国已有 5400 个博物馆，但截至目前，在国家新闻出版署备案的图书出版单位不到 600 家。在习近平总书记“提高国家文化软实力”的号召下，各大博物馆也纷纷开发文创、寻求跨界合作，这就不难看出集团作为中国出版“国家队”在这方面所占据的优势。据我从游客角度的粗浅观察，有些博物馆的文创和出版物是与它本身的IP潜力相倒挂的，比如苏轼作为中国最受欢迎的诗人之一，“三苏祠”的文创完全没能给他应有的“排面”。而这种“排面”，我们就有能力打造。

二、合作打造优质游戏，为“国风”正名

如果说“博物馆”是传统文化的载体，那么“游戏”又凭什么与之相提并论呢？因为在当代青年的生活圈里，“游戏”已经成为一个非常重要的元素。和前些年对于日韩化、欧美化游戏的高度追求有所不同，近些年来，在游戏的圈子里，“国风”成为一个越来越热门的词语。我们从这个词语中可以看出当代人对于优秀传统文化的追求，但也能看出，这种追求是浮于表面的。很多精美的“国风游戏”披着日韩漫画的外皮，再嵌入一个个支离破碎的中华文化符号，其成品空有“国风”外壳罢了。甚至有一些游戏还不断宣扬“宫斗”“宅斗”等理念，完全体现不出“优秀”二字。

毫无疑问，做出优质的、在细节上诚意满满的国风游戏，需要更专业的文化团队进行把关。而我们拥有最好的文史、艺术出版资源，最资深的编辑队伍，还有一群对新鲜事物接受迅速的生力军，我们可以从浩如烟海的典籍中梳理出那些跨越时空、超越国度、富有永恒魅力、具有

当代价值的内容，与相关游戏品牌进行合作，打造更为优质的游戏，为“国风”正名，也为“中华优秀传统文化”正名。否则，当优秀传统文化在人们眼中全部“符号化”之后，当年轻一辈提起王昭君只能想起“王者荣耀”之后，我们又该如何开展“中华优秀传统文化”的弘扬工作呢？！

这两个探究方向，算是我在工作中开出的“脑洞”。

在这四年半的时间里，我为“诗词中国”微信公众号写了大约 200 篇原创文章，合计约 40 多万字。我曾经想过，故宫有 600 年的历史、馆藏 180 多万件文物，它有足够的实物去支撑一个缤纷多彩的新媒体世界，而我们“诗词”这个领域，在只有文字这样平面化素材的情况下，除了撰写原创文章之外，该如何去推广呢？

我发现，其实诗词的可塑性也是非常强的，比如《长恨歌》，只有 840 字，却在 1200 多年的传承过程中，衍生出了繁多的演绎形式，这就是中华优秀传统文化的典型传承过程，即使没有具体形态，也可以在不同的时代，用不同的形式去传播、发展。

以此类推，我们可以拣选出更多优质“文化 IP”，进行传承、融合、发展。我想，这就是《二十四诗品》中所说的“乘之愈往，识之愈真。如将不尽，与古为新”。

2021年

勇做“拓荒牛” 文化强国时间表下出版业“乘风破浪”

中国出版传媒商报社 王双双

党的十九届五中全会明确提出，到2035年建成文化强国，这是中央首次明确建成文化强国的具体时间表。2021年，党的十九届六中全会对文化建设成就的单独总结，再次体现了党中央对我国文化事业发展的高度重视和所获成绩的充分肯定，大大提振了出版行业的信心。

中央要求认真学习贯彻全会精神，汇聚起坚定历史自信、创造历史伟业的磅礴力量。黄志坚董事长指出，要聚焦出版事业的核心功能，坚定做好党的出版工作的信心与决心，坚定作为出版“国家队”的勇气与担当。

相关专家预测，2022年文化产业将成为国民经济的支柱产业，即文化产业占整个国民经济的比重将超过5%。在“2035年建成文化强国”这一时间表之下，出版界迎来发展机遇，应在坚持高质量出版的前提下，拓宽出版半径，延伸出版产业链，继续“乘风破浪”。

一、强化主题出版：打出特色做出新意

2021 年主题出版呈现出多元化拓展、大众化阅读、融合化探索、市场化运作等特点。在即将迎来党的二十大之际，主题出版如何做出新意，如何让营销出彩？

首先，明确编辑任务，从零敲碎打转到重点推进。近几年主题出版主动融入国家战略，如区域协调发展战略、乡村振兴战略、党的二十大等重大课题和重点工程。辽宁人民出版社《马克思主义经典文献传播通考》连续 3 年获得国家出版基金项目，并推出相关数字资源服务平台。浙江大学出版社明确将《中国历代绘画大系》作为“一号工程”。其次，多角度积极策划、储备建党百年、二十大等相关主题选题。从自身特色出发，不仅要有以文字阐释见长的理论读物、历史读物、文学作品和资料文献汇编，还要有连环画、漫画及结合微党课和音视频内容的融媒体产品。新世纪出版社推出的《梦想启航：中国共产党创立的故事》将纸质书与 VR 融媒党建云课堂融为一体。

二、融合出版：构建纸电声体系

近年来，不少出版单位积极发力线上平台。一是重心向线上转移，加大对电商平台等渠道的资源投入。二是加强新媒体营销，尤其是在短视频、直播等方面不断尝试。一时间，微信小程序、抖音、快手、B 站等平台上都能看

到众多出版单位的身影。如人民文学出版社与北京字节跳动合作，基于字节跳动给予的流量扶持，邀请莫言、江南等作家入驻抖音，打造出多个作家大号。中信出版集团与百度打造集共享出版、内容创作、阅读分享于一体的智能化平台。面向未来，“纸电声”发力是融合出版的重点。纸质书、电子书、有声书同步发行或许成为常态。

三、跨界文创：延伸出版产业链

商报经过调研发现，“十三五”期间，无论是出版集团还是单个出版社，亦或是发行集团、民营书企等，都在探索从“出版+”向“大文化+”的转型路径。

目前，出版行业跨界开发文创的情况包括：第一，建立标识性文创品牌，以公司名称为核心元素或以地方元素、核心产品命名。第二，以“出版+”“文化+”“教育+”等优势资源打造文创产品，包括深挖已有资源，孵化IP；融合地方特色，凸显文化创意；进军大教育板块，实现产学研一体化等。第三，出版集团文创产品销售渠道线上线下多元拓展，多维开发。第四，出版集团文创团队建设。

未来，出版单位跨界文创主要有两个发力点：第一，围绕已有图书IP资源，进行大IP构建，围绕图书中的经典形象，进行深挖，打造品牌认知度。第二，进军影视、游戏等与出版相关产业，从大文娱角度布局跨界文创。

以上创新举措与建议的提出，是为了推动集团的品牌建设，深入阐释出版“国家队”内涵。我们既要发挥“老字号”优势，又要跳出名社“枷锁”，以“中国出版集团”这一品牌出版好书，做响做开集团品牌，强化出版“国家队”使命和担当。

作为集团成员单位，商报如何在出版文化强国建设中发挥自己的作用？目前商报正在构建融媒体矩阵，打通报纸、网站、视频号、微信号及图文矩阵，既抓行业关注的热点话题，又抓有行业深远意义的重点话题，将主管部门、行业内机构、作者、读者多方资源贯通，发挥商报自身专业力量，为行业、为各出版单位提供决策参考，发挥智库功能。商报不仅要做出版业的观察者、记录者，更要做参与者、推动者、引领者。

在新征程上，作为新时代的青年，要认真学习贯彻党的十九届六中全会精神，与时俱进、勇挑重担，做一头锐意进取的“拓荒牛”。

中小社发展更需“高韧性”思维

中译出版社　郭宇佳

2021年，“韧性”一词的高频出现，传递给我们更多的希望。在“黑天鹅”“灰犀牛”式危机蔓延全球的高度不确定性下，全球经济衰退，包括出版业在内的众多行业都遭受了严峻的挑战。我们正在经历百年未有之大变局，只有高韧性的国家、社会、企业乃至个人才能够穿越危机，保持稳定并持续增长。“十四五”规划正式将“文化强国”作为国家的重要发展目标，党的十九届六中全会将坚持开拓创新作为党的十条历史经验之一。对于目标为“中型强社”的中小出版社而言，将“高韧性”与创新相结合，在高韧性中充分发挥创新的能动性，关乎企业的发展命运和前进方向。

一、“高韧性”：中小社发展的“关键词”

《高韧性社会》一书中着重阐述了危机识别等五个阶

段和提前预警等八种能力。中小出版社如同在汪洋大海中行进的小船，如果不能提前预判，作出部署，那么在面对风险时只能被动应对；若是已经遭遇了危机，如果不能在危机中育新机，及时转变思想和行动方略，甚至会面临生存的危险。因此，作为中小型出版社的“掌舵手”及“船员”，应该具备“高韧性”思维。

二、品牌韧性：从“人无我有”到前瞻洞察

中小出版社想要立足出版行业，需要有鲜明的出版方向和出版特色。品牌韧性一方面体现在“人无我有”的产品线特色，在重点产品线上发力，占有垂直领域的市场份额。从 2020 年末，中译出版社开始着力打造财经产品线。从集团内部而言，起到了补充集团产品线、主打财经书市场的作用；从整个出版行业来说，中译社近年来积累的国际化探索经验，对于讲好中国韧性故事、提升国际传播能力有着“人无我有”的优势。另一方面，出版社若想增强品牌韧性，还需具备前瞻洞察的能力。既要紧跟国内外经济形势，关注热点、难点，又要有创新思维，善于捕捉新概念，如元宇宙、零碳金融、后增长、后稀缺……关注中国社会的经济韧性、城市韧性、企业韧性及个人韧性发展，不仅贴合主题出版的基调，也有助于出版社预判趋势发展，未雨绸缪，塑造品牌资源。

三、创新韧性："出版 + 科技"或能弯道超车

目前整个出版行业数字化发展融合有余、创新不足。在"全民皆数字，全民皆创新"的时代，若能将出版和科技有效地结合，或许能实现中小社的弯道超车。出版社的创新韧性可以体现在将传统的出版资源用新技术进行表达。如财经产品线方向，集团可从整体层面考虑建立经济学家大数据平台，聚集中国优秀经济学家出版资源；从中小出版社方面考虑，除了利用直播、短视频、B 站等新媒体手段，出版社还可以与领先科技企业合作，借用最新的元宇宙新兴平台发展出版业务，如为作者、读者打造双向互动空间，与教育等专业领域跨界合作开展元宇宙实验室孵化计划，在大型虚拟游戏或平台中构建元宇宙出版社等。持续不断的创新灵感为创新韧性提供了原动力和爆发力，灵活的机制或许能使其在数字时代迅速转型。

四、韧性融合：个人韧性与企业韧性互相促进

对于中小出版社而言，灵活的体制机制创新更能鼓励编辑们进行个性化的成长。鼓励裂变发展，为年轻人建立容错机制；塑造多元化组织，打造包容性文化；弘扬艰苦奋斗精神，进一步增强个人韧性。中译出版社从 2020 年 10 月至今，新的机制令每个编辑部选题质量、数量有了突破式提升。我所在的编辑部，部门内部讨论的自主选

题数量全年已经突破400个，已经签约确定出版的选题有74个，为2022年的出版提供了充足的“弹药”。用人制度的创新，使得员工拧成一股绳，劲儿往一处使。在转变体制机制的过程中，个人的积极性得到发挥，韧性得到极大延伸；个人韧性与企业韧性的相互作用，也能促进出版社的正向发展。

五、高韧性未来：“韧性出版”构建“文化强国”

奋斗的中国正逢其时，追梦的我们未来可期。无论是构建文化强国，还是实现“中型强社”目标，高韧性与创新二者缺一不可。高韧性提供了立社之本，企业得以持续发展；创新则如助推剂，带来爆发力和活力。对于中译社来说，在3年内建成市场化的中型强社不是梦想；对于中小社来说，将“高韧性”创新思维贯穿工作始终，将个人韧性与企业韧性相结合，将出版强企与集团发展相结合，将高韧性与高质量发展相结合，一定能够实现实力与韧性并存，打造更美好的未来。

实施品牌营销战略　为高质量发展赋能

中国出版传媒股份有限公司　龚牟利

党的十九届六中全会对党的百年奋斗重大成就和历史经验进行了总结。重视对历史经验的总结、学习与运用，从中找到前进的正确方向和道路，是党领导中国革命、建设、改革不断取得胜利的重要原因。回望各单位及集团筚路蓝缕的百年奋斗史，也是一部经典隽永的品牌创建史，相关单位将迎来成立 350 周年、125 周年、110 周年、90 周年，集团将迎来成立 20 周年等等。在这个重要的历史节点上，黄志坚董事长及时作出了新时代传统品牌再出发、发展战略从质量向品牌飞跃的重要指示，茅院生同志率营销部等对各单位进行了品牌调研。回顾历史、展望未来，就集团的品牌建设，我谈几点粗浅的想法。

一、对品牌的认知

品牌对于企业经营非常重要，它是资产、核心竞争力、可持续发展的核心资源、产品溢价的核心要素。品牌综合了企业管理的全要素，涉及人财物各方面、产供销各环节，包括优秀的产品、服务、社会形象等。品牌来源于优秀的企业管理能力，反映了产品质量、个性差异、市场信任、营销能力。简而言之，品牌是价值的选择、文化的彰显、智慧的呈现、历史的沉淀。

二、实施品牌战略势在必行

（一）品牌战略是高质量发展的时代要求

随着我国近 40 年的市场化发展，发展战略从“保增长”向“提质量”继而向“亮品牌”转变是必由之路。对企业而言，品牌能维持产品价位、提升融资能力、增加企业估值；对消费者而言，品牌能简化购买决策、保证产品质量、降低购买风险等。

（二）品牌战略是建成出版强国的必然选择

2015—2019 年，全国出版业利润总额年增速为 5.8%，“中国出版”增速为 3.21%。出版业利润增长已遇到瓶颈，要在 2035 年建成文化强国、出版强国，打造支柱性产业，进一步发挥新闻出版行业在文化行业的领军作用，必须树立品牌、提升效益。

（三）品牌战略是建设世界一流出版企业的现实路径

品牌战略是集团化的有力抓手，通过品牌产品、服务体现整体价值观；品牌战略是价值赋能的重要手段，通过品牌形象等实现母子品牌间的质量背书、相互赋能；品牌战略是构建产业“护城河”的重要途径。

三、持之以恒建立一套品牌营销战略体系

（一）树立反映新时代战略的品牌定位

品牌定位是营销战略的核心，取决于企业的发展战略。集团各单位自第一届全国出版会议以来，长期是有分工、无定位。2007 年集团改制后，在不断摸索中提出了“现代化、大型化、国际化出版传媒集团”的战略目标，各单位也逐步实现了从专业化到产业化的转型，迈出了企业定位的初步探索。在新时代，集团的战略目标是“建设世界一流出版企业”；企业愿景可以是“中国主流价值、前沿学术的讲述者，阅读品味、生活方式的引领者，社会议题、舆论潮流的设置者”。

（二）以“中国出版”品牌体现中国出版主张

品牌层级中企业品牌位于顶端，建议集团推广“中国出版”品牌，将其打造为中国出版业的代名词。一方面借助所属品牌单位提升集团品牌认知；另一方面利用集团品牌知名度和美誉度反哺各子品牌，或促进同一调性下的集团品牌延伸。要在全民阅读战略中树立“中国出版”公

益形象；要在与媒体广泛沟通中宣传“中国出版”品位品格；要在与同行深度交流中提升“中国出版”业界口碑；要打造全新符号体系统一“中国出版”品牌形象。

（三）打造特色鲜明、旨趣健康的社格店格

社店品牌要在严格的导向、合理的预算下，打造品位高、质量好、特色明的风格。深度追求使品牌人格化，店有店格、社有社格。一要严格导向和质量把关。二要树立特色鲜明、深刻隽永的品牌理念，如商务的“昌明教育，开启民智”。三要打造主次分明、相得益彰的母子品牌体系，丰富品牌定位、做细专业领域，如中译社“独角兽”品牌。四要把握时代心态、文化脉搏，激发品牌活力，做响读者开放日等全国性品牌、BIBF 等国际性品牌。五要采取低耗高效、创新精准的营销策略，充分利用“图书即媒介”“产品即广告位”的特点来提升营销效率。

（四）擦亮高品质的核心产品品牌

品质是品牌的保障，出版企业产品数量多、生命周期短，产品品牌必须立足企业定位、擦亮核心产品。一要在产品规划上体现整体调性，突出核心产品引领，降低从版权、制造到发行的供应链复杂度。二要统筹开展核心产品营销，建立集团核心产品、产品线目录，加强“镇社之宝”“中版好书”等品牌的媒体、展会曝光。三要做强重大主题出版物，要数量更要质量，通过重大主题出版物体现国家意志、核心价值、主流文化。

凝聚“智慧中图”新力量
奋进文化强国建设新征程

中国图书进出口（集团）公司　和晋飞

“十四五”时期是我国开启全面建设社会主义现代化国家新征程、向第二个百年奋斗目标进军、实现到2035年建成文化强国目标的第一个五年，是中国出版集团全面落实中央部署、向基本建成世界一流出版企业目标进军的第一个五年，也是中国图书进出口（集团）公司重塑和创新运营模式，构建新的核心竞争力，实现高质量、可持续发展，全面推动实现由内容服务商向数据运营商的第二次数字化转型，基本建成“智慧中图”的关键时期。

回首来时路，我们已取得了令人瞩目的成绩——完成了由传统贸易商向内容服务商的第一次数字化转型，基本实现了“数字中图”建设目标，文化供给能力提升，文化传播和影响力逐步增强，综合实力稳中有进；展望未来路，我们要立足新发展阶段，贯彻新发展理念，积极融入新发展格局，主动肩负起作为中央文化企业，加快健全现代化文化产业体系，推动文化产业高质量发展，建设社会主义文化强国的使命和职责，实现管理智慧化、业务智慧化、产品智慧化、服务智慧化的“智慧中图”，努力成为国际一流的出版物进出口企业，成为全球领先的数据运营商。

一、坚定“四个自信”，不断增强思想理论武装

我们要提高政治站位，积极贯彻中央精神，围绕中心、服务大局，增强政治自觉，加强理论武装，在学懂弄通做实上下功夫。强化政治担当，深入宣传阐释党的理论，在大众化普及化上下功夫。聚焦主责主业、主题主线，在唱响时代主旋律上下功夫，围绕集团承担的重大文化工程和文化项目，集中推出一批吸引力强、感染力好、影响力大的主题作品。

作为出版行业的“国家队”，我们要不忘初心，时刻肩负建设文化强国的责任和使命，坚决贯彻实施党的科教兴国、文化强国理念，坚持“引进来”与“走出去”并举，通过打通国内国外业务链、资源链、产业链，构建国内外双循环可持续发展的良性生态。

二、坚持创新驱动，不断提升品牌影响力

坚持精益求精，内容第一、品质至上，聚焦传承学术文化，满足客户需求，努力打造新时代精品工程，更好继

承品牌、发扬品牌、振兴品牌。

（一）整合资源，统筹规划，共享共建

聚焦资源整合、科技发展，增强服务能力，搭建一体化资源信息化平台，组织协调北京及各分支机构整合优势资源，以优势资源带动整体发展，将海外期刊目录库、精品目录，海外出版社资源优势、国内客户需求优势、海外分支机构渠道优势等整合起来，强优势、补短板，合力创造品牌，实现共建共享。

（二）加大宣传推广

新兴媒体的涌现和广泛发展，为我们的宣传和推广提供了更多的选择和方式。我们要充分应用新媒体，加大对传统业务的宣传力度。在日常工作中我们利用“中图报刊”客服网站、“中图报刊”公众号、知乎等，做到线上线下相结合，加强品牌推广，提升品牌形象和影响力。

（三）深化文化“走出去”战略

坚持将中国文化“走出去”，逐步形成跨地区、跨国际的文化品牌，进一步扩大规模，增强文化传播力和国际影响力，真正将中国文化“走出去”，增强文化软实力。坚持创新创效、内容挖掘、平台建设、融合发展，拓展“走出去”渠道，推动出版提质增效，讲好中国故事，展示好中国形象。

三、做优做强主业，不断提高核心竞争力

要进一步提升产品和服务质量，做好、做专、做精、做强。下面，我结合自身工作，谈一点想法。报刊进口中心是中图公司从事海外进口报刊业务的专门部门，主要向国内大专院校、科研单位、公共图书馆、政府机关、部队及企事业单位等提供外文科技文献资源服务。编目作为外文期刊引荐的源头和龙头，我们要深入研究国家政策，挖掘政策红利，聚焦国家战略重点支持的重大项目、重要产业和重点区域，深入研究应用场景，挖掘客户需求，不断调整优化业务结构与市场结构，实现开放通用服务平台与定制个性化服务的多元结合，从而把“目录”转化为核心生产力，助推我国“卡脖子”问题、关键核心技术攻关问题的解决。

进口作为“引进来”的桥头堡，我们在做大做强进口主业的同时，要聚焦客户对海外科技期刊服务的要求和突出问题，以服务客户为中心，不断拓展订购渠道和延伸出版产业链条，依靠自身和长期积累的上下游资源优势，推出海外科技期刊从选刊入订到印刷的全流程服务，积极推进期刊按需印刷服务，构建服务平台和智慧物流平台，创新服务模式。

最后，作为中图的青年员工，我们要牢记我们是服

务科教兴国的尖兵、保障文化安全的卫士、促进中外交流的桥梁，牢记作为引领行业发展先锋的初心使命，勇于担当，敢为人先，脚踏实地，认真工作，在实践中增长智慧才干，在艰苦奋斗中锤炼意志品质，在“智慧中图”的建设中出一份力，在文化强国建设中发一份光。

"创新"数字化转型 "匠心"多元化内容

——中国大百科全书出版社双轮驱动发展畅想

中国大百科全书出版社 徐 丹

在中国共产党成立100周年的重要历史时刻，党中央召开了十九届六中全会，全面总结了党的百年奋斗重大成就和历史经验，突出了中国特色社会主义新时代这个重点，深刻揭示了过去我们党为什么能够成功，未来我们怎样才能继续成功，对统一全党思想和行动、在新时代更好地开创党和国家事业新局面，具有重大现实意义和深远历史影响。

在深入学习全会精神的过程中，我一直在思考：作为新时代的百科青年，未来的5年到10年是我们一生最美好的年华，如何从党的百年奋斗历程中汲取智慧力量，将自身的命运与国家、集团和百科的使命相融合，如何以昂扬的精神面貌和崭新的工作思路面向未来，把"两个确立"转化为坚决做到"两个维护"的思想自觉、政治自觉、行动自觉，是每个百科青年乃至每个中版青年的使命担当。下面，我结合实际工作，谈一下“十四五”期间百科社双轮驱动发展的几点畅想。

一、全面把握“两个大局”，切实履行职责使命

“胸中元自有丘壑，盏里何妨对圣贤。”“十四五”是发展机遇迭出的重要时期，站在“两个大局”的高度，站在建设社会主义文化强国的高度，我们不禁要思考两个问题：一是，中华文化的底层逻辑中，能够全面地、系统化地反映当代中国意识形态的知识体系是什么？二是，如何构建传播这一国家知识体系的架构与通道？答案无疑应该是《中国大百科全书》及其构建的传播体系。随着百科三版建设的深入，现代化意义上的百科全书应提升到新时代、新高度。其标志性成果就是数字时代国家知识体系构建，这与传统知识体系既有关联又有差别。

举例来说：《中国大百科全书》网络版的学科分类参照国家标准《学科分类与代码》，分为13个学科门类，包括：哲学、经济学、法学、教育学、文学、历史学、理学、工学、农学、医学、军事学、管理学、艺术学。这13个学科门类下，又分布着110个二级学科。这是一个庞大的新知识体系，也是百科人的职责使命，如果我们不努力去做，必然会拱手让出意识形态和知识体系建设阵地的地基。我相信，“十四五”期间，在国家的大力支持下，

在集团的有力领导下，我们有能力实现这一宏伟目标，不辜负总书记的重托。

二、构建国家知识体系，打造互联网知识入口

国家知识体系的构建，应依托于多元化的文化产品。互联网时代，消费者时间呈碎片化分布，需求也日渐多元。因此，借鉴其他品牌经验，打造丰富的产品结构势在必行。为此，由集团牵头，挖掘内部的版权、IP 和数据等核心资源，推出迎合市场、适销对路的产品，对内组织有序、对外差异化竞争，形成覆盖不同受众群体、满足人们多种文化需求的产品矩阵，显得格外重要。在逐步构建形成国家知识体系的过程中，也便于在国际市场上实施“走出去”战略，积极弘扬中华文化，进行文化输出。未来出版行业主战场一定是在互联网，百科人重点应该思考如何依托百科全书，使三版平台成为“一次制作、多元发布、多重利用”的全形态数字出版产品发布平台、多元化与个性化的互动社区，形成中国最大的百科知识库的支撑平台，最终成为互联网知识入口，掌握知识传播的主动权。

三、运用优质 IP，讲好中国故事

中华民族的伟大复兴离不开中华文化的复兴。以长城、丝绸之路、大运河、故宫等为代表的、具有东方象征

意义的文化地标或符号，既是世界了解中国的窗口，也是传播中华文化的载体。因此，我们必须讲好中国故事，依托悠久历史，运用优质IP，全面呈现中国文化，展示民族形象，彰显华人自信底气，勇于在世界文化之林与西方同台博弈。特别是中国特色社会主义进入新时代，更需要借助数字化方式，利用高科技手段，传播弘扬中华文化，这不仅是文化自信的要求，还是制度自信的表现，更是落实“五位一体”总体布局的实践。

四、调整运营管理模式，推动数字化战略实施

推动数字化战略实施，离不开管理模式的创新。在集团“十四五”规划的指导下，百科社应努力推动国家知识体系的构建，以集团目标为导向，重视文化交流与输出，推进文化资源开枝散叶，带动文旅产业协同发展；以历史文化为根，基于内容出版，衍生数字产品，丰富产品种类，形成“一本多元”的文创产品；以渠道建设为茎，创新营销方式，广开传播渠道，实现社会各界的情感共鸣；以队伍打造为本，大胆启用新人，促进数字融合，探索转型模式，实现可持续的循环发展，最终走向高质量发展之路。

时间属于奋进者！历史属于奋进者！新时代的中版青年要胸怀“两个大局”，心系“国之大者”，以如磐信念敲

响岁月的洪钟，以昂扬姿态拨动时代的琴弦，埋头苦干、勇毅前行，就一定能奏响更加雄浑壮阔的历史交响，书写更加灿烂辉煌的发展篇章。

新时代青年编辑的坚守与创新

商务印书馆　张立晓

2021 年是“十四五”的开局之年。“十四五”规划纲要中明确提出要繁荣文化事业和文化产业，推进社会主义文化强国建设。文化强国首先是出版强国，值此百年未有之大变局，出版业面临着难得的机遇。作为出版业的新生力量，我们青年编辑，不仅要坚守出版业的生命线，更要冲锋在前、迎难而上，展现出应时而变的活力。

一、坚持内容为王，努力打造精品，推进社会效益和经济效益的协调发展

出版是内容产业，不管技术如何演变更新，内容永远都是核心竞争力。商务品牌之下的《新华字典》《现代汉语词典》《古代汉语常用字字典》等已经问世几十年的经典工具书始终活跃在图书热销榜单上。子公司商务国际

近年来也出版了数十种质量过硬的辞书，其中《成语大词典》累计重印了130多次。这说明，好的内容自有穿越时光的生命力。

我们不仅要继续当好优质内容的“守门人”，还要勇于担当优质内容的“挖井人”。商务作为中国出版业中为数不多的百年品牌之一，担负着打造传世精品的文化使命。作为商务品牌之下的青年编辑，我们更应从自身做起，落实“精品战略”任务，以“不怕冷不怕偏，就怕不够高精尖”为指南，严把政治导向关、价值取向关、内容题材关、出版质量关，积极开发具有思想性、科学性、弘扬中华优秀传统文化的精品图书，努力实现社会效益和经济效益的协调发展。

二、转变思维方式，培养用户思维，提高创新能力

2020年疫情期间的“停课不停学”，给全国的在线教育提供了一次前所未有的发展机遇，也使得知识付费行业迎来了一轮快速发展的高潮。后疫情时代，线上出版倒逼传统出版做出应对和改变。最先要做出改变的就是编辑。而编辑最先要转变的就是思维方式，由“专业模式”切换为“用户模式”，不仅要能埋头做书，更要抬眼看市场，分析和了解用户需求，培养用户思维。

根据后疫情时代的市场新需求，我们不再执着于大

部头、大码洋的图书产品，而是结合商务国际长期积累的丰厚的选题资源，做了一些知识碎片化的尝试。一年多来，我们开发出了20多种有关语言文字和传统文化知识类的口袋本图书，如《成语接龙800条》《格言警句2000句》《词语知识600则》等，迅速开拓了市场，销量达到了130多万册。目前，口袋本系列图书还在持续开发中。

随着科技的发展和用户需求的不断升级，我们也在探索内容创新的新方向。2021年，我们将一些畅销的纸质图书，融合了现阶段数字出版领域的前沿技术，又结合了中版教育自主研发的科技产品，打造出了一款立体的，视觉、听觉全满足的融媒体力作——“智能视听一本通”系列图书，让科技为出版赋能。

三、转变角色定位，从专注内容的“责任编辑”转变为全能的“产品经理”

新时代的出版生态对编辑提出了更高的要求，特别是在疫情之后，我们更加深切地感受到：作为编辑，仅仅专注于内容是远远不够的。现代编辑应具备产品经理思维，具有用户分析、内容构建、多渠道营销、大数据分析等核心能力。这些能力的培养非一朝一夕之功，但勇于尝试，才能有所成长。商务印书馆每月的“涵芬绽放”活动，已经走在路上。以此为榜样，商务国际的青年编辑也鼓起勇气，从幕后走到台前，通过视频直播的方式向读者推介图书，并积极接触成熟的带货主播，了解直播卖书的运行规则。通过一次次尝试，我们对读者需求、不同图书的营销模式和市场定位有了相对深入的了解。

四、转变心态，勇敢走出舒适区，提高对抗风险的免疫力

如今的出版市场，已不再是我们曾经熟悉的出版市场。两年前，我们绝对想象不到图书直播会成为掘金的新战场。当我们抱怨图书难卖时，却有人以“一元图书”引来大量流量，仅靠一场直播就带来了上亿元的销售额。与其愤怒于流量对出版业的“绞杀”，不如痛定思痛，转变心态：图书是一种文化产品，也是一种商品，我们坚守文化产品内容的尊严，但也应探索其作为商品的商业运作逻辑。居安思危，只有勇于跳出舒适区，敢于突破创新，才能提高对抗风险的免疫力。

新时代的出版人肩负着建设文化强国的时代重托。对于优秀的出版传统，我们要传承；对于出版的底线，我们要坚守。但是面对时代赋予我们的新使命，我们也要冲锋在前，开拓创新，提升自身的各种能力，担起新时代文化建设的使命。

新时代高质量融合出版探索与转型

人民文学出版社　王　婧

2020年以来，出版业经受了前所未有的考验，广大出版社纷纷主动走上转型、开拓、进取之路。如今，“十四五”已经开局，我国出版业已进入了从传统出版到融合创新的转型期，如何充分利用探索中积累的宝贵经验，如何实现高质量、现代化发展就成为了新的课题。

而在这样的时代背景下，人文社作为文学出版“国家队”，结合自身实际，探索实践到一条融合发展之路。

一、坚持内容为王，以精品内容为抓手，加强融合出版资源储备与利用

2021年是人民文学出版社建社70周年。70年来，人文社始终坚持质量第一的原则，出版了一大批文学精品。这些作品正是实现全版权运营，多渠道、矩阵式营销

的珍贵资源。通过融合出版，它们能够拥有新的形式，为传播提供更多可能性，也成为了一个重要的营收增长点。

对于我社现有的优势资源，我们深入挖掘，整体规划，通过随书附赠、跨界联动等方式，使传统出版资源与数字资源相互配合，以期达到“1+1>2”的效果。例如曾获得读者高度认可的“名著名译丛书”，再版时升级为有声版，让读者可以“随身携带”卷帙浩繁的世界名著，自由选择阅读的方式。而像《达洛维太太》这样的经典文学作品和“整本书阅读丛书”这样的教辅书，市场竞争已近于白热化，我们也借助融合出版手段突出我社版本独有的优势，赋予它们全新的附加值，读者在阅读前、甚至是购买前就能够扫描收听本书的音频导读，从而对本书有所了解。

如今，我社不仅继续积极进行经典作品电子化、有声化的工作，也大力推进数字版权、改编权签约，将融合出版策划贯穿整个出版流程，充分做到一书一案，将精品内容运用到极致。

二、转变思想，建立互联网思维，为读者提供复合型服务

当下，“互联网 +”已经上升为国家战略，互联网技术对出版行业的影响也已从冲击转变为共生。当今读者通过互联网所能获取的出版产品，其丰度和广度前所未有，

这就对我们的产品内容、运营模式、技术手段与人才储备方面提出了更高的要求。

在这样的大背景下，纸书绝不是出版的终点，而可以作为载体，运用新技术充分延展，给予读者沉浸式、立体式的阅读体验。我社出版的《朗读者》系列丛书，就运用AR技术，将书中的图片与影像内容相连接，让阅读、观看、聆听融于一体，使文本丰富的内涵拥有了广阔的外延空间。

作为编辑，我们也应当摆脱以文案工作为主的传统观念，建立产品思维，在出版全流程中积极探究读者的需求，有针对性地服务于读者的阅读习惯和心理预期，从而拉近编辑与读者、市场的距离。受新冠肺炎疫情影响，我社将“朝内166文学公益讲座”转入线上，并展开了“云游大家故居”系列直播，取得了极好的成效，这也充分说明了社会大众对泛文化内容的需求与兴趣。如何触达尽可能广阔的受众群，如何与读者“呼吸相应”，这两个传统出版思维下的“大问题”都能够借助融合出版技术得到解决，值得我们借鉴思考。

三、搭建自有平台，实现规模化、品牌化运营

我社每年出版的作品种类多、体量大，倘若“各自为战”，则很难形成矩阵效应，也不利于品牌形象的建设与维护。因此，我社搭建了“人文读书声”平台，发布我社

图书的有声版本，并推出了“年度畅听卡”“外国文学名著畅听卡”“四大名著听书套装”等多种个性化服务。同时，我社出版的多种纸书也关联到“人文读书声”平台，充分实现了媒介间广泛引流、以高质量内容实现留存的目标，在统筹我社数字出版资源、实现整体运营等方面起到了长足作用。

与此同时，我们也建立了“人文之宝”文创品牌，开发我社现有的大量名家名作资源，通过丰富的想象和视觉艺术加工成一系列年轻人喜爱的出版物和文创产品，从而将这些文学作品 IP 化。成立短短几年来，“人文之宝”已经成为颇具人文社特色的出版品牌，拥有“正子公也”“神话中国”“人文年礼”等多条产品线、多个拳头产品，激发了许多经典 IP 的活力，也扩大了人文社品牌的影响力。

我国出版业正在实现“弯道超车”，“十四五”时期，将由“出版大国”向“出版强国”迈进。立足新时代，融合出版不仅是机遇与挑战，更是出版业未来重要的发展方向。我们需要结合自身实际，适应不断变化的环境，才能够让优质内容焕发出新的生命力。

浅谈出版之“新”

中国美术出版总社　马晓婷

进入“十四五”，开启新征程。立足新发展阶段，贯彻新发展理念，构建新发展格局，以改革创新为根本动力，推动出版主业高质量发展，是中国出版集团未来五年发展的目标。可何为“新”，又如何“新”呢？

一、“新”的基础

面对纷乱的国际形势，面对社会中层出不穷的新兴事物和各种言论，坚持底线思维，严格导向把关是每个出版人最基本的要求。无论是制度改革、内容创新、人才培养还是品牌力提升，都应以全面深化理论武装为基础。根基若不牢，如何谈“新”！

二、“新”在何处

（一）内容之新

当下人们获取信息的渠道丰富多样，旧有的书刊已很难满足消费者的需求。市场上很多图书选题脱离市场，既难以达到学术高度，又缺乏普及性。选题规划缺少前期调研，缺少前瞻性和系列性，导致随做随想、随做随改，难以形成产品线。装帧设计缺乏新意，版式陈旧。在营销上，由于产品及消费者细化不足，导致只能广撒网，收效不大。种种问题，最根本的还是出在内容上。真正的内容创新在于洞察时代的发展，开发新的优秀选题，用跟上时代的精品力作开拓文艺新境界。

（二）融合之新

出版社应突破行业局限，与更多文化机构合作，如博物馆、美术馆，甚至是旅游景区等，全面打造文化产业链，推动文化资源优化共享。同时，推动数字化出版向更深层面发展，发挥数字化出版的直观性、延展性。如人美社出版的《大画家给孩子的中国节日故事》，分 12 册讲述了 12 个中国传统节日故事，不仅包括纸质书，还配套有电子书、视频课、手工材料包、课件，目前正在收尾阶段，即将上市。

（三）人才之新

新时代人才既要有理想有梦想，又要有实干精神；既要“术业有专攻”，又要有丰富的学识；既要有开拓能力，又要善于统筹融合。对于员工，人美社打造了一个开放、自由、公平的平台，不仅开展各类培训，更在实践中提供机会，通过部门调动交流，以及成立项目小组的跨部门合作，积极培养复合型人才。敷衍懈怠的工作作风已被好学实干所代替。

（四）品牌之新

品牌创新实质就是赋予品牌要素以创造价值的新能力。品牌建设应做到“三增一转化”，即要提升品牌美誉度，提升品牌含金量，扩大品牌影响力，实现转能增效。近年来，“人美毕业季”“年度人物评选”等活动深入人心，形成人美品牌力。如“人美毕业季”是人美社携手全国20余所艺术院校举办的毕业季作品大型评选活动，聘请艺术界专家，从各院校甄选出优秀毕业作品，通过平台呈现在众人面前，并开设专属网络投票通道，邀请大家投票选出心目中的“学院之星”。在活动期间充分利用人美的全媒体平台，并与第三方平台合作，全方位、多角度地展示美术院校毕业生的风采。2021年，人美社更是跨行业，携手招商银行共同主办“学院之星”评选活动。

三、“新”的途径

（一）细分人群，打造新产品线

出版社应打造健全的产品线，根据不同的读者需求、不同的营销手段，推出更具特色的作品，特别是针对少儿等特殊群体，应充分挖掘读者特点，有的放矢。而在数字平台上，将用户按照年龄、兴趣等进行细分，制定有针对性的宣传营销方式，推出适合不同人群的主题活动。

（二）武装思想，培养综合人才

要松职权，但不能松思想。充分发挥人才的主观能动性，但不能放任自由，要筑牢思想基石，要给压力，促担当，在实践中锻炼培养综合人才，实行明确的奖惩机制，创造公平的竞争环境。

（三）集团统筹，促高质量发展

集团下属各出版单位各具特色，涵盖各类出版物，应发挥所长，在专业领域深挖深展，形成全面的纵向体系。而集团可利用其统筹优势，融合各类媒体和其他行业模式，横向扩展出版主业，形成产业链。纵横配合，即可推动出版行业高质量发展。

2021 年是“十四五”开局之年，也是开启全面建设社会主义现代化国家新征程的起步之年。相信中国出版集团“以推动出版主业高质量发展为主题，以深化供给侧结构性改革为主线，以改革创新为根本动力，以满足人民文化需求和增强人民精神力量为根本目的”，将取得更大的成绩。